首都经济贸易大学会计学科·青年学者文库

首都经济贸易大学北京市属高校基本科研业务费专项资金（XRZ2021063）

共同审计对企业集团运作效率的影响

——基于聘用动机及经济后果的研究

鄢翔　著

中国财经出版传媒集团

中国财政经济出版社

图书在版编目（CIP）数据

共同审计对企业集团运作效率的影响：基于聘用动机及经济后果的研究／鄢翔著． －－北京：中国财政经济出版社，2023.1

（首都经济贸易大学会计学科·青年学者文库）
ISBN 978 - 7 - 5223 - 1865 - 3

Ⅰ. ①共… Ⅱ. ①鄢… Ⅲ. ①企业集团 - 审计 - 研究 Ⅳ. ①F239.6

中国国家版本馆 CIP 数据核字（2023）第 002867 号

责任编辑：武志庆　　　　　　责任校对：张　凡
封面设计：智点创意　　　　　　责任印制：党　辉

共同审计对企业集团运作效率的影响
——基于聘用动机及经济后果的研究
GONGTONG SHENJI DUI QIYE JITUAN YUNZUO XIAOLÜ DE YINGXIANG
JIYU PINYONG DONGJI JI JINGJI HOUGUO DE YANJIU

中国财政经济出版社 出版

URL：http://www.cfeph.cn
E - mail：cfeph@cfeph.cn

（版权所有　翻印必究）

社址：北京市海淀区阜成路甲 28 号　邮政编码：100142
营销中心电话：010 - 88191522
天猫网店：中国财政经济出版社旗舰店
网址：https://zgczjjcbs.tmall.com
北京财经印刷厂印刷　各地新华书店经销
成品尺寸：148mm×210mm　32 开　7.25 印张　183 000 字
2023 年 1 月第 1 版　2023 年 1 月北京第 1 次印刷
定价：33.00 元
ISBN 978 - 7 - 5223 - 1865 - 3
（图书出现印装问题，本社负责调换，电话：010 - 88190548）
本社质量投诉电话：010 - 88190744
打击盗版 举报热线：010 - 88191661　QQ：2242791300

企业集团在新兴市场国家十分普遍,当外部制度相对不完善、金融中介机构缺乏、信息传递机制不足导致市场交易成本较高时,企业集团能够依托自身的内部资本市场,凭借其信息优势(Williamson, 1979; Gertner et al., 1994; Stein, 1997)、融资优势(Khanna and Yafeh, 2007)、资源配置优势(Williamson, 1975; Stein, 1997)以及避税优势降低交易成本、促成交易产生;然而由于企业集团中的双重代理问题及所导致的集团机会主义和成员公司寻租行为,加之信息不对称和管理层不匹配情形的存在,可能会影响企业集团的运作效率。外部审计是降低代理问题的重要手段(Fan and Wang, 2005),从审计监督视角,相对于单独审计,审计师同时审计企业集团内多家上市公司时,出于集团内部上市公司之间的业务协同,共同审计师能够降低相关信息的获取成本,进一步地,共同审计师通过审计相互关联的上市公司能够从整体层面发掘更多集团相关信息,因而能够更清楚地识别企业集团内部的资金分配方向与目的,进而能够对集团上市公司有更深入的了解,而这类信息获取及处理效率的提升增加了集团内上市公司进行机会主义行为的成本。此外,共同审计师能够帮助集团实际控制人掌握更多的

上市公司信息，且相比于多家事务所，统一审计提供的信息更具可比性，直接降低了集团实际控制人与上市公司之间的信息搜集及代理成本，同时增加了上市公司寻租的难度，使上市公司管理层的行为从"隧道导向"和"租金导向"转为"经济导向"，并体现为管理层薪酬业绩敏感性的提升。最后，共同审计师的信息优势有助于在各上市公司间设立统一的评判标准，并从整体层面分析集团上市公司行为，进而能有助于企业集团处理信息及评估决策。从审计咨询视角，一方面，共同审计师能够提供给集团实际控制人更多"整合"之后的信息，加强集团实际控制人对各下属子公司的了解，有助于内部资金的合理分配。另一方面，更多集团整体相关的信息有助于审计师本身做出更精准的判断，从而可以提供给集团的实际控制人更多的资源及利益分配意见，促进集团内良性的资源分配。

基于此，本书从以下几个方面研究集团统一审计的公司治理效应。(1) 从动机角度，企业集团为降低代理问题及信息不对称成本，并加强对上市公司的控制，其是否会聘请同一会计师事务所或审计师对其多家上市公司进行审计呢？且共同审计的聘用是否会受到集团特征的影响？(2) 从监督视角，集团统一审计是否能够有效监督并降低复杂结构中成员上市公司的舞弊行为？且其是否能够抑制集团总部与成员公司间的代理问题及成员公司的"寻租"动机，提高成员公司管理层的"经济导向"而非"隧道导向"或"租金导向"行为，进而提升成员公司高管薪酬业绩敏感性呢？(3) 从咨询视角，集团统一审计能否有效整合资源，实现成员企业间的资源优化及利益分配从而帮助成员企业实施有效的税收筹划呢？

研究发现，在动机方面，企业集团聘用共同审计的动机主要基于两大方面：降低集团内的多重代理问题以及增加信息的可比性。在降低代理问题方面，首先，当集团总部对于成员上市公司控制权越低而所有权越高时，其为防止上市公司可能的机会主义行为以及所带来的集团资源分配效率降低，集团更倾向聘用共同审计对成员上市公司进行监督；其次，相比于非国有集团，当企业集团产权性质为国有时，为达到国有企业统一监管要求，降低总部与各上市公司间的代理成本，弥补管理层政治目标及缺位所带来的内控缺陷，集团更倾向聘用共同审计师。而从增加信息可比性方面，当集团上市公司聘用的会计师事务所为"非四大"时，由于事务所信息搜集及整合能力有限，使集团更倾向使用共同审计师；此外，当企业集团中上市公司数量越多时，其越需要统一各公司间的信息口径，聘用共同审计师的比例也越大。截面分析表明，集团基于上述因素而使用共同审计师的现象在外部制度环境较差以及多元化程度较高时更为显著，进一步说明了企业集团聘用共同审计师是为了弥补由于内外部环境所造成的总部与上市公司间的代理问题及信息不对称，缓解上下级企业间的治理缺失。进一步分析表明，相比于没有共同审计师的集团上市公司，拥有共同审计师的集团上市公司，其审计质量显著提升，而审计费用并没有发生明显变化，排除了企业集团为购买审计意见而聘用共同审计师的替代解释。最后，本书将集团共同审计的定义替换为集团层面、个人层面的共同审计师以及总部与上市公司共享审计师等，使用了倾向得分匹配法（PSM）、控制因变量滞后项以及替换因变量等稳健性测试后，发现本书的主要结论依旧显著。

而经济后果方面，本书考察了集团共同审计对成员上市公司的监督及咨询效果。在共同审计师的监督功能上，研究发现相比于不存在共同审计师的集团上市公司，使用共同审计师的集团对成员上市公司的监管效率显著提升，与成员公司之间的代理问题及信息不对称程度显著下降，具体表现为拥有共同审计的上市公司中发生会计舞弊的概率更小，且上市公司管理层的薪酬——业绩敏感性显著提升，这一结果的发现证实了共同审计师对于集团上市公司的治理作用，突出了共同审计师的监督优势。进一步研究表明，共同审计师对于集团上市公司的监督作用在公司地处制度环境较差省份、距离集团总部较远以及聘用的审计师来自"非四大"时更为明显，这说明集团上市公司外部治理缺失越严重、与总部信息不对称程度越大以及审计师能力相对较弱时，共同审计所发挥的监督提升效应越大。此外，为使本书结论更加可信，在稳健性测试部分，使用了会计师事务所合并作为外生事件，构建双重差分（DID）模型，考察了因事务所合并而形成的集团共同审计对上市公司的监督效应；并将共同审计师的定义替换为集团层面、个人层面的共同审计定义以及总部与上市公司共享审计师情形、控制因变量滞后项、替换因变量、替换分组变量以及采用上市公司内部控制截面，对上述主要结论重新进行检验；结果发现，集团共同审计师对于会计舞弊及薪酬业绩敏感性的正面作用依旧显著，在排除内生问题的基础上，较好地论证了集团共同审计的监督效应。在共同审计师的咨询功能上，研究发现相比于没有共同审计师的集团上市公司，存在共同审计的集团上市公司实际税率更低；且这类由共同审计导致的避税效应在集团上市公司距离总部位置较远、聘用的审计师来自非"四大"会计师事务所以及多元化程度较低时更显著，这表明集团共同审计的咨询作用在上市公司与集团总部之间的信息不对称程度越大、聘用审计师能力水平越低以及内部避税途径越少时所发挥的增量贡献越大。进一步研究发现，相比于其他避税方式，共同审计导致的集团上市公司实际税率降低并不会影响到公司业绩，这表明相比于以往大多研究中以增加信息不对称及代理成本为代价的避税手段而言，集团共同审计主要是通过整合集团资源，降低集团总部与企业间信息不对称进而提高集团上市公司的税收筹划效率。最后，在稳健性测试中，本书采用了事务所合并的准自然实验构建双重差分（DID）模型，替换了集团共同审计师的定义（集团层面、个人层面以及总部与上市公司共享审计师定义）、控制了因变量滞后项并替换了分组变量，结果显示，共同审计师对于集团上市公司避税的促进作用依旧显著。

本书基于集团统一审计视角，补充了企业集团公司治理方面以及聘用共同审计师动机及经济后果的研究；并为我国企业集团的发展及治理、企业集团外部治理环境的改善提供了参考。具体而言，基于集团视角，以往有关企业集团的研究大多讨论不同情形下集团形式的有效性（Myers，1977；Stein，1997；Gertner et al.，1994；Scharfstein and Stein，2000；Khanna and Tice，2001；Tan et al.，2018；黄俊和陈信元，2011），以及集团内外部治理因素对于集团运作的影响（Kima and Sung，2012；Chen et al.，2017；Dah et al.，2017）。但少有研究从外部监督视角探讨提升集团效率的优化机制，探究其对于企业集团内部效率的改善作用。第一，本书从集团共同审计的视角切入，探索了集团共同审计师对于集团内部治理缺失的补充作用，并证实了共同审计师在整合集团信息、提供决策相关意见方面的正面作用。第二，区别于现有研究将企业集团内部市场与外部监管割裂开来、单独分析内部市场效率与外部监管机制（Fan and Wong，2005；Agarwal et al.，2011；Ozbas and Scharfstein，2010；Almeida et al.，2015），本书打破了两者之间的壁垒，考察了集团内部治理与外部审计监督的联动作用，发现了外部信息中介对应于内部市场效率提升所起到的积极影响与互补作用，为优化企业集团内部资源配置提供了新的研究方向。第三，本书从共同审计师聘用方向，探究了企业集团借助外部监督力量的动机，对企业集团行为及其动机进行了深入挖掘。基于集团选聘共同审计师的行为，以代理理论及信息不对称理论为基础，从企业集团降低代理问题，增加信息可比性等方向，明确了企业集团采用外部治理时的考虑因素；为打开企业集团决策行为的黑箱提供了研究思路。第四，区别于以往基于独立企业或多元化企业的研究情景（Fauver et al.，2003；Khanna and Tice，2001；Billett and Mauer，2003；Dah et al., 2017), 本书直接考察企业集团中上市公司的会计舞弊、薪酬业绩敏感性以及税收筹划是否受到外部共同审计的影响, 验证了集团共同审计的监督及咨询功能, 并拓展了企业集团经济后果方面的研究范畴。最后, 本书的结论表明, 相比于没有聘用共同审计师的集团上市公司, 拥有共同审计师的集团上市公司在抑制会计舞弊行为、提升薪酬业绩敏感性以及提高税收筹划效率等方面都具有显著优势, 表明共同审计能够有效协助企业集团监督并控制成员上市公司, 这为在我国环境中企业集团的发展及治理提供了借鉴。

而基于共同审计师视角, 现有关于共同审计师的研究大多从审计质量 (Johnstone et al., 2014; 鄢翔等, 2018)、并购绩效 (Dhaliwal et al., 2016; Ye et al., 2015; Chircop et al., 2017)、交易效率 (Dhaliwal et al., 2016)、投资效率 (Labro et al., 2019) 以及避税方法学习 (曾姝和李青元, 2016) 等方面论证了共同审计师的信息"外溢效应", 但少有研究涉及到共同审计师的"治理效应", 也缺乏共同审计师在企业集团情景中的研究, 本书从共同审计师的监督和咨询视角, 论证了共同审计师对于提升企业集团治理的正面作用, 拓展了共同审计的研究范畴。此外, 相比于现有文献, 本书选取的集团共同审计定义较为丰富, 从审计的供给方, 共同审计师不仅包含了事务所层面的研究变量, 还采用了审计师个人层面数据进行研究; 而从审计的需求方, 本书同时使用了企业集团整体层面、成员上市公司层面以及总部与上市公司联合层面的共同审计师定义进行了实证检验。结果显示, 无论共同审计师的范围在审计的需求方或供给方上扩大或缩小, 其对于企业集团监督及咨询的正面作用始终保持不变。

最后, 从公司治理角度, 大部分研究只讨论了单一上市公司内部治理的影响因素, 而本书基于审计师的"监督"视角, 论证了集团共同审计师对于上市公司会计舞弊的抑制作用及对于高管薪酬业绩敏感性的促进作用。将有关公司治理方面的研究从上市公司层面拓展到了企业集团层面，从信息传递的视角为公司会计舞弊的治理提供了新的思路，并将薪酬业绩敏感性的分析延展至上市公司与集团的互动关系中，补充并扩大了有关公司治理的相关研究范式。并且，基于审计师的"咨询"视角，本书论证了集团共同审计对上市公司税收筹划的正面作用。而在以往大多数研究中，上市公司避税往往伴随着管理层机会主义行为、代理问题及信息不对称程度的增加，为降低实际税率，上市公司管理层会进行信息窖藏及使用复杂的避税手段操控企业利润，造成企业价值的损失。本书基于集团共同审计的研究情景，从信息整合的角度拓展了公司避税的途径，不仅论证了集团共同审计的咨询作用，拓展了共同审计师的研究范畴，还为企业的良性税收筹划行为提供了参考和正面借鉴。

第一章　导论	（ 1 ）
第一节　选题的动机及意义	（ 1 ）
第二节　主要研究问题与研究发现	（ 7 ）
第三节　研究的贡献及创新	（12）
第四节　研究的思路及框架	（16）

第二章　制度背景	（19）
第一节　企业集团的制度背景	（19）
第二节　共同审计的相关背景	（24）

第三章　文献综述	（27）
第一节　企业集团的相关研究	（27）
第二节　公司会计舞弊的相关研究	（37）
第三节　公司薪酬业绩敏感性的相关研究	（45）
第四节　公司避税的相关研究	（50）
第五节　共同审计的相关研究	（56）

第四章　集团共同审计的影响因素	（60）
第一节　理论分析与研究假设	（60）

第二节　研究设计 …………………………………………（66）
　　第三节　实证结果分析 ………………………………………（73）
　　第四节　进一步研究 …………………………………………（88）
　　第五节　稳健性测试 …………………………………………（93）
　　第六节　本章小结 ……………………………………………（105）

第五章　集团共同审计的监督效应 ……………………………（107）
　　第一节　理论分析与研究假设 ………………………………（107）
　　第二节　研究设计 ……………………………………………（116）
　　第三节　实证结果分析 ………………………………………（120）
　　第四节　稳健性检验 …………………………………………（139）
　　第五节　本章小结 ……………………………………………（160）

第六章　集团共同审计的咨询效应 ……………………………（162）
　　第一节　理论分析与研究假设 ………………………………（162）
　　第二节　研究设计 ……………………………………………（164）
　　第三节　实证结果分析 ………………………………………（166）
　　第四节　进一步研究 …………………………………………（175）
　　第五节　稳健性分析 …………………………………………（177）
　　第六节　本章小结 ……………………………………………（184）

第七章　结论与展望 ……………………………………………（186）
　　第一节　主要研究结论 ………………………………………（186）
　　第二节　政策建议 ……………………………………………（189）
　　第三节　研究局限性及未来研究方向 ………………………（192）

参考文献 …………………………………………………………（194）
后记 ………………………………………………………………（218）

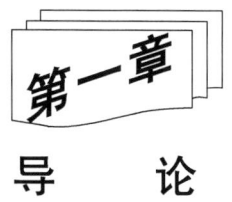

第一章 导 论

第一节 选题的动机及意义

一、研究动机

企业集团是由受统一管制的公司通过正式或非正式方式组合而成的经济体,作为一种介于市场与企业之间的组织形式,广泛存在于世界各国资本市场,并在新兴市场国家发挥着举足轻重的作用(Granovetter,1994;Claessens et al.,2006)。中国是一个新兴转轨经济体,随着改革开放的深入及市场经济的发展,社会生产水平显著提升,市场竞争激烈程度日益加剧,企业生产需求明显扩大。一方面,为满足经济增长及消费扩大的需求,企业需要扩大生产规模,提升产品质量,优化分工及促进专业化生产;另一方面,由于我国市场经济起步较晚,较之西方发达国家,制度的发展相对落后,法律对投资者的保护力度相对较弱(Qian and Weingast,1997),单一企业的发展能力受到市场交易成本、法制环境以及自身管理能力不足等限制,无法完全满足社会经济发展的要求,鉴于此,自20世纪80年代开始,在市场及政府的双重推动下,企业集团在我国得到迅速推广。作为一种多法人结合经济体,集团凭借自身的规模效应以及各成员公司之间的协调配合,在资金实力、融资成本、信息沟通、管理决策、业务协同、税收筹划以及市场地位上

1

都比单一经济实体更具优势。以央企为例，截至2015年年底，我国中央集团企业的资产总额达47.6万亿元，营业收入为22.9万亿元，利润总额达1.2万亿元，国资保值增值率为106%①，为我国经济增长提供了巨大的推动力。

在企业集团发展的过程中，其通过监督、激励、内部竞争及优化内部资源配置来提高运作效率的优势越来越突出。首先，相较于外部市场中企业间的合作约束，集团总部对成员公司的监管和控制更为直接有效，较之单一企业，集团公司的监督成本更低，其信息获取也更加全面可靠（Khanna and Palepu，1997），因而使得集团内部企业间的合作阻碍更少；此外，集团内部的资金调配能够使成员公司在拥有良好投资机会及发展模式时减少其对融资途径及融资成本的担忧（Hoshi et al.，1991；Lamont，1997；Almeida et al.，2015）；并且，为达到集团利益最大化，集团总部会将优质资产及管理模式提供给最具发展潜力的成员公司，在优化内部资源配置的同时，能够促进集团内公司的相互竞争，提升其发展效率（Stein，1997）。

然而，随着集团化形式的产生和发展，集团内部的治理问题也逐渐凸显。首先，相对于单一公司，集团总部对子公司的控制一般通过交叉持股及"金字塔"股权结构等方式实现，这一复杂控股结构会使集团内部产生多重代理问题，进而导致集团总部难以将其指令或意图通过层级链条传递至子公司，不利于企业集团的内部控制。此外，当母子公司利益不一致时，集团总部为自身利益可能通过各种方式对子公司进行利益攫取，在集团运作模式失效的同时，使企业集团本身沦为大股东"掏空"的工具，严重影响了其在资本市场中所发挥的功能。并且，成员公司为获得更多的资金及优惠

---

① 《中央企业"十三五"发展规划纲要》，国务院国有资产监督管理委员会2016年3月17日发布。

政策，可能产生子公司"寻租"行为，成员公司在自身经济优势不足时，为获得集团总部的青睐，可能通过增加私人专有性资产、隐藏信息甚至会计舞弊等方式"包装"自己以获取超额资助，最终造成企业集团内部资本配置失效，使拥有较好财务基础及发展潜力的公司得不到应有的资金，而业绩及前景较差的公司反而获得更多帮助。其次，为保证集团整体利益和发展，集团内部可能产生"集团社会主义"现象，使资源并不完全按照市场规律及企业经济发展趋势配置，降低了其运作效率。同时，随着集团规模的扩大以及控制层级的增加，加剧了集团总部与成员公司之间的信息不对称程度，为成员公司的"寻租"行为提供了便利，同时信息的缺失使集团总部难以判断成员公司的处境。一方面可能加剧"集团社会主义"分配，降低资金运作效率；另一方面，集团总部无法根据各个成员公司的具体情况制定完整及具体的战略方针，难以将各成员公司的资源结合起来，发挥其协同作用，使集团的构建偏离了其整体效应的初衷，不利于集团的长远发展。最后，在我国，企业集团的形成，很大程度上归因于政府部门的推动，成员公司多以国有企业为主；由于我国集团推进进程较晚，加之国有企业高管的指派制度，可能存在着集团公司与成员公司管理层不匹配甚至管理层缺位之现象，造成集团总部对旗下成员公司的信息不了解，并导致治理功能不足。

从交易成本理论出发，当市场交易成本相对较高时，其他的替代机制就可能产生（Coase，1937），企业集团作为一种替代外部资本市场的交易形式，一直受到广泛关注。在我国市场经济转型过程中，企业集团化经营是提升市场生产能力、实现生产资源整合、减少交易成本以及保护国有产业的必然结果。然而由于我国市场经济起步较晚，市场环境及法律制度相对不完善，对投资者的保护力度及对上市公司的处罚力度不足，加剧了企业集团内部多重代理问题的同时，增加了企业集团的交易成本，使其无法发挥最优效率。因此，如何在我国环境中提升企业集团及其上市公司的效率，降低集团总部与成员公司间的多重代理问题及信息不对称程度不仅是对企业集团效率能否发挥这一历史问题的解答，更是在全面推进我国实体经济发展背景中促进我国经济持续稳定发展的关键。

外部审计是降低代理问题的重要手段（Chow，1982；Watts and Zimmerman，1983；Fan and Wang，2005），当公司管理层与大股东之间的利益冲突越严重时，其对审计的需求程度越高（Defond，1992）。此外，当公司内部治理无法有效抑制代理问题时，公司会主动寻求高质量的外部审计（杨德明等，2009）。在控股结构复杂、信息传递成本较大的企业集团中，审计的监督功能一方面能够减少成员公司管理层隐瞒信息的成本，降低集团与成员公司间的代理成本；另一方面，审计师的介入能够为集团公司提供更多成员公司信息，减少其信息不对称程度，有助于企业集团充分利用成员公司资源以达到整体协同作用。此外，外部审计还具有咨询功能，审计师的专业能力能在获取成员公司信息后，通过信息加工处理，能为集团总部决策提供有效建议，并帮助集团总部更清楚地识别成员公司特征。然而，企业集团是由多家公司通过正式或非正式结构组成的整体，总部与成员公司之间、各成员公司相互之间存在着大量联系，若会计师事务所或审计师只对其中一家公司进行单独审计，难以在厘清成员公司间关联关系的基础上，从整体层面对上市公司进行清晰的判断，最终可能造成信息解读不足或过度，削弱了其监督和咨询功能。相对于独立审计，同时审计多家关联公司的会计事务所或审计师可以从与上市公司相关的其他公司中获取被审计公司的各类信息（Labro et al.，2019），进而使审计师对被审公司更加了解。从监督层面，集团共同审计能够使得共同审计师从全局层面把握上市公司的财务状况及信息质量（Johnstone et al.，2014），能够有效识别集团总部对上市公司的"支持"或"掏空"行为以及成员公司间为"讨好"集团总部所进行的信息匿藏及舞弊行为，增加其寻租成本，缓解成员公司与集团总部间的代理问题，增强集团公司内部治理。同时，集团共同审计能够为成员公司制定统一标准，使其提供的信息更具可比性（PricewaterhouseCoopers，2017；Grant Thornton，2018）；既有利于从整体层面降低事务所的监督成本，又能够增强集团总部的信息获取及信息处理能力。此外，共同审计能够有效整合关联企业间的交易、担保、资金流通等事项，不仅能够从整体层面识别成员企业间利用网络关系实施的机会主义行为，还能为集团总部治理成员公司提供可识别的有效信息。而从咨询角度，相比于单独审计，共同审计基于其信息优势能够更好地将关联企业间的资源分布情况进行整合，通过其专业信息加工能力为集团内部的资源调配、利益分配、联合生产及税收筹划提供建议。那么，集团公司为降低内部多重代理问题及信息不对称，是否会聘请同一会计师事务所或审计师对其多家上市公司进行审计呢？如果会，那么企业集团聘请共同审计师的具体动机有哪些？集团共同审计在集团上市公司监督及咨询功能方面会发挥哪些功效呢？

为回答上述问题，本书以我国企业集团上市公司为研究对象，以代理理论、信息不对称理论等公司治理理论为基础，通过理论与实证分析，研究集团共同审计的聘用动机、对集团上市公司的治理效应以及经济后果。

二、研究意义

本书的理论意义如下：

第一，以往有关集团治理效应的研究大多集中探讨集团内部资本市场在不同环境中的有效性以及其内部治理机制的适用性情况；然而，随着我国的经济发展及制度完善，对集团内部治理体系的完善不能够完全消除由集团特有复杂结构本身所引的多重代理问题。在此基础上，本书从外部监督视角，验证了共同审计对企业集团内部控制以及管理咨询的提升效应,不仅从理论层面为集团治理的相关研究提供了新的思路,还为我国环境中集团整体效率的优化提供了参考。

第二,有关共同审计师外溢效应的研究大多基于相互关联的公司共享会计师事务所的情景,而本书的研究不仅将共同审计师的外溢效应拓展至企业集团内部,并分别考察了集团上市公司共享事务所、共享审计师以及集团总部与上市公司共享审计师对集团监督及咨询的积极作用,扩充了共同审计师外溢效应的研究范围。

第三,为企业集团的发展及治理提供了借鉴。企业集团可以通过监督、激励及内部竞争等方式提升资本的运作效率,但集团内部社会主义现象及成员公司的寻租行为可能影响其运作效率。此外,由于交叉持股及"金字塔"股权结构的存在加剧了集团内部代理问题及信息不对称程度,抑制了企业集团发挥其整体优势的功效。本书从外部监督视角出发,通过检验集团共同审计对成员上市公司代理问题及信息不对称的降低,从会计舞弊、薪酬业绩敏感性及税收筹划等方面为改善企业集团治理环境和完善企业集团治理机制提供了参考。

第四,以往有关企业避税的研究主要基于单个公司行为,且这类行为往往具有隐藏信息、增加代理成本等特征(Kim et al.,2011)。相较于负面的避税行为,企业集团共同审计的避税效应主要源自各公司间的信息整合以及共同审计师的外溢效应,其作用机制和经济后果与之前的研究存在显著差异。因此,本书在拓展了有关公司避税研究范畴的同时,为企业集团税收筹划提供了正面借鉴。

本书的实践意义如下:

第一,为我国企业集团的发展及治理提供了理论借鉴。

企业集团可以通过监督、激励及内部竞争等方式提升资本的配置效率,但集团社会主义现象及成员公司的机会主义行为可能影响其运作效率；此外，由于交叉持股及"金字塔"股权结构加剧了集团内部的多重代理问题及信息不对称程度，抑制了企业集团发挥其整体优势的功能。本书从外部监督视角出发，通过研究集团共同审计对其成员公司的正面影响，为我国集团引入外部监管机制，提升运作效率，优化公司治理提供了参考和借鉴。

第二，为我国企业集团治理环境的改善提供了参考。

以往对于企业集团是否发挥其效用的研究无论在内部资本市场效率、成员公司激励以及公司价值方面都未得出统一且正面的结论，究其原因，在于这类研究往往基于不同环境中探究集团与环境的相互选择结果，而较少讨论如何在特定环境中提升企业集团运作效率。本书通过检验集团共同审计对企业集团降低代理成本、优化信息整合的正面促进作用，一方面为澄清集团公司有效观提供了新的平台；另一方面，为寻找适合集团发展的环境提出了参考，并为改善我国企业集团治理环境、完善集团监督机制提供了启示。

第二节 主要研究问题与研究发现

一、主要研究问题

企业集团是为降低外部性而自行组建或由外部推动而产生的，通过股权等方式进行统一管制的经济联合体。相比于单一公司或多元化企业，集团最大的特征是在各独立的公司间组成了一套受集团总部统一控制调配的内部资本市场。在新兴市场中，市场交易成本较高，集团的特有结构有助于股东运用较少资金实现对企业的控制，并通过内部资本市场中的资金调配与资源配置提高集团成员公司的资源利用效率，加之集团具有的整体融资优势以及集团内各公司间更为直接的合作形式，使集团能够有效替代市场形式而广泛存在。然而，随着市场环境的改善，交易成本的逐步降低，相比于独立公司，企业集团的问题也不断凸显。集团内部复杂的业务关系及控股链条加剧了集团总部与成员公司、成员公司之间的代理问题，为集团总部掏空及成员上市公司寻租提供了可能，成员公司获取集团资源的方式会由内部竞争逐渐转为机会主义及寻租行为，打破了企业集团内部的最优生产及分配模式。此外，由于信息不对称而产生的集团内部监管成本，使集团难以消除子公司的寻租行为，加速破坏了资源的最优配置，导致集团内部资金流向并不完全取决于成员公司的成长性及发展潜力，进而使集团资源与成员公司的业绩发生错配，最终可能降低集团生产的积极性。总体而言，随着集团结构的扩大与复杂化，相比于单一公司，企业集团内部治理的问题逐渐凸显，在内部治理缺失的情况下，外部治理机制的引入和使用对于企业集团效率的改善及经济利益的提升有着重要的意义。

外部审计是降低公司代理问题的重要手段（Fang and Wang，2005），相比于单独审计，共同审计更多是发挥其"信息搜集"及"信息处理"方面的优势。在"信息搜集"方面，由于共同审计师能够同时审计集团内多家相互关联的上市公司，对各上市公司间的资源转移及资金调配信息有更全面认识，其在降低搜集成本的同时，能够从整体层面及时识别出集团成员公司利用复杂结构网及关联交易而产生的机会主义行为及舞弊手段，并能更为准确地反映成员公司的实际业绩及对集团整体的贡献，有助于集团总部对成员公司的了解。而从共同审计的"信息处理"优势角度，由于共同审计师能够从其他集团成员公司处对上市公司的信息进行验证，一方面增加了成员公司向集团寻租的成本，另一方面，相比于单独审计，集团共同审计师所获取的信息更为完整，其可信度也更高，加之统一的审计及评价标准，能够显著降低共同审计师的信息处理成本，并能按照集团总部的要求，以较少的成本为集团提供可供参考的建议，并最终在审计的监督及咨询功能上发挥比较优势。

基于企业集团所存在的问题及共同审计所发挥的外部治理功能。本书从以下几个方面研究集团共同审计的公司治理效应。①从动机角度，企业集团为降低代理问题及信息不对称成本，是否会聘请同一会计师事务所或审计师对其多家上市公司进行审计呢？且统一审计的采用是否会受到集团具体特征的影响？②从监督视角，本书从成员上市公司会计舞弊行为以及上市公司管理层薪酬业绩敏感性视角，检验共同审计师是否能够降低集团内部代理成本，抑制上市公司的机会主义行为及寻租手段，并以成员上市公司会计舞弊行为的降低及管理层薪酬业绩敏感性的提升代表代理问题降低的结果。③从审计的咨询功能视角，本书从集团避税的角度，进一步探究共同审计对集团信息加工及资源整合的正面作用，检验集团共同审计是否能够帮助上市公司进行税收筹划。

二、研究发现

在企业集团聘用共同审计师动机方面，本书分别从成员上市公司的两权分离程度、产权性质以及集团子公司数量、聘用审计师能力等角度，探究了企业集团为降低代理成本、增加信息可比性进而对共同审计师的聘用需求。研究发现，基于降低代理成本视角，当集团上市公司的两权分离度越低（控制权越小，所有权越大）、产权性质为国有时，其拥有共同审计师的概率与比例越高；而从增加信息可比性视角，当企业集团中上市公司数量较多、上市公司聘用的审计师水平较低（聘用"非四大"会计师事务所）时，其拥有共同审计师的概率及比例越大。在此基础上，本书从集团上市公司所在地的制度环境以及公司多元化程度方面对上述结论进行截面分析，结果显示，当集团上市公司所在地制度环境较差以及公司多元化程度较高时，上述集团上市公司及集团整体特征与聘用共同审计师的相关关系更为显著，进一步说明了当外部治理环境较差、信息不对称程度加剧时，集团对共同审计师的需求显著提升。此外，为排除集团聘用共同审计师的"收买"动机(王春飞等,2010;伍利娜等,2012),本书使用集团共同审计对上市公司审计报告质量以及审计费用进行回归,结果显示,在本书结论显著的基础上,共同审计师并不会使集团上市公司的审计报告质量下降,且集团上市公司的审计费用也没有增加。

为确保上述结论的可信度,本书使用了多种稳健性测试对集团聘用共同审计动机的结论进行了验证。①本书扩充了集团共同审计师的定义,将共同审计师的概念扩展到集团层面(是否为聘用共同审计师的企业集团)、个人层面(集团上市公司共享同一个审计师),分别使用多种共同审计师变量对主结论进行验证;②参考 Labro et al.(2019)的研究,文章将共同审计师由集团上市公司间的共同审计师替换为集团总部与上市公司共享审计师的情况,在此基础上重新验证本书的假设;③集团内聘用共同审计师可能会受到该集团中的其他不可见因素因影响,从而导致部分上市公司选择聘用共同审计师,而剩余上市公司进行独立审计,为排除这一内生问题,文章采用了倾向得分匹配法(PSM)对拥有共同审计师的集团上市公司按1∶1的比例从其他非所属集团的样本中匹配出不享有共同审计师的集团上市公司,按照新的样本重新进行验证;④为排除集团上市公司特征对公司当年不可见因素的影响,本书将因变量滞后一期作为控制变量,再对主结论进行回归。在使用上述稳健性测试对本书的主回归进行验证后,结果依旧显著,说明企业集团聘用共同审计师主要是基于其内部的代理问题及信息不对称等方面的考虑,而排除了其他可能的替代性解释及内生问题。

在企业集团聘用共同审计师经济后果方面,本书使用集团上市公司的会计舞弊及管理层薪酬业绩敏感性检验其监督效果,并使用集团上市公司的税收筹划检验其咨询效果。结果显示,在监督层面,相比于没有共同审计师的集团上市公司,拥有共同审计师集团上市公司中的会计舞弊行为更少,且共同审计师的聘用显著提高了其薪酬业绩敏感性，这表明共同审计师能够显著降低企业集团内部的信息不对称，并缓解其代理问题。在此基础上，本书分别使用集团上市公司所在地制度环境、聘用事务所是否为"四大"以及上市公司与集团总部的地理位置关系对共同审计师的监督效应进行了截面分析。结果显示：共同审计对企业集团公司治理的积极效应在集团上市公司地处制度环境较差地域、聘用事务所为非"四大"以及与集团总部地理位置较远时更显著。

同时，本书为排除可能的替代解释及内生性问题做了如下稳健性测试：①为排除可能的内生问题，本书采用会计师事务所合并的准自然实验，构建集团聘用共同审计师的双重差分（DID）模型，考察经事务所合并而产生的集团共同审计对企业集团公司治理的影响。②本书扩充了集团共同审计师的定义，并使用集团和个人层面共同审计师定义，重新对主结论进行验证。③文章将共同审计师由集团上市公司间的共同审计师替换为集团总部与上市公司共享审计师，在此基础上重新验证本书的假设。④本书将因变量推后一期作为控制变量，重新对主结论进行回归。⑤由于集团上市公司样本数据中，使用"四大"会计师事务所的比例较小，本书将该截面替换为聘用国内"十大"会计师事务所。⑥为进一步验证共同审计师对集团公司的治理效应，本书增加了内部控制截面测试。若共同审计师在上市公司中发挥了"治理作用"，而非企业集团基于"自身权力"而控制其上市公司使用同一共同审计师，本书得出的共同审计师的治理作用应在集团内控缺失较为严重、其对上市公司控制效果较差时更为显著。⑦在研究共同审计对集团上市公司薪酬业绩敏感性时，本书将薪酬的替代变量由董监高前三薪酬总的对数值和替换为高管前三薪酬总和的对数值，并对主结论重新进行回归。在经过上述稳健性测试后，本书有关共同审计对集团上市公司治理效应的结果依旧显著。

在咨询层面，本书发现，相比于单独审计的集团上市公司，拥有共同审计师的集团上市公司，其实际税率更低。此外，较之审计的监督作用，审计的咨询效应主要针对集团内部的信息不对称问题，因此，本书分别就集团上市公司所聘事务所是否为"四大"会计师事务所、上市公司与集团总部的地理位置关系以及上市公司多元化程度三方面对主结论进行了截面分析。结果显示：共同审计对于集团上市公司的避税效应在公司聘用事务所为非"四大"（审计师能力较弱）、上市公司与集团本部地理位置较远以及上市公司多元化程度较低（自身避税途径较少）时更为显著。

此外，本书使用下列方法进行了稳健性测试：①本书采用会计师事务所合并的准自然实验，构建集团聘用共同审计师的双重差分（DID）模型，验证由事务所合并所形成的集团共同审计师对集团上市公司避税的正面作用。②本书使用集团层面共同审计师定义及个人层面共同审计师定义对主结论进行了重新回归。③文章将共同审计师定义由集团上市公司间的共同审计师替换为集团母子公司间共享审计师，重新对共同审计师的监督效应进行验证。④将因变量的滞后项加入控制变量，重新对主结论进行回归。⑤将截面回归中集团上市公司是否聘用"四大"会计师事务所替换为是否聘用"十大"会计师事务所，并对该截面重新进行回归。本书的主结论通过了上述全部稳健性测试，较好地论证了集团共同审计的避税咨询功能。

第三节 研究的贡献及创新

一、研究贡献

（一）本书的研究为集团内部资本市场与外部监督的联动效应提供了证据

区别于现有的研究将集团内部市场与外部市场割裂开来、单独分析内部市场的研究模式（Agarwal et al.，2011；Ozbas and Scharfstein，2010；Almeida et al.，2015），本书打破了两者之间的壁垒，考察了两者之间的相互作用，发现了外部信息中介对内部市场的效率提升所起到的积极影响，为优化企业集团内部资源配置提供了新的研究方向。

（二）本书基于集团共同审计视角，充实了企业集团公司治理方面的研究

作为为一种介于市场与单一经营企业间的组织，企业集团的效率问题一直是学术研究的热点（Wolfenzon，1999；Khanna and Palepu，2000；Gopalan et al.，2007；Bertrand et al.，2002；Almeida et al.，2011；Masulis et al.，2011；Buchuk et al.，2014）。然而，以往有关企业集团运作效率及内部治理的研究大多只涉及集团在不同环境下的有效性以及集团公司自身特征对其运作效率的影响（Hovakimian，2011；Aigbe and Ann，2015；Chen，2016；Bilal et al.，2017），较少有研究从外部监督角度探讨改善集团内部治理的方法。本书基于集团共同审计的视角，利用中国集团上市公司数据，从监督及咨询两方面检验了共同审计师对企业集团公司治理的影响，充实了已有文献。

（三）优化和拓展了集团统一审计经济后果的研究文献

利用全球审计公司网络及跨国集团的数据，有研究发现，集团总部与子公司的会计师事务所属于同一全球审计公司网络时，网络内部的信息共享及传递功能能够提高集团及子公司的投资效率，并降低子公司的决策损失及集团的实际税率（Labro et al.，2019）。但也有研究指出，全球审计公司网络的会计师事务所并非完全共享信息及知识，其也可能存在信息不对称及代理问题（Downey and Bedard，2018），且由于不同审计分部所在国家的监管环境不一，以及跨国情况下总部审计师对同一网络成员过度依赖，反而会加剧

双方的代理问题,进而可能降低拥有同一网络审计师的上市公司或分部的审计质量(Carson et al.,2016)。相比于这类研究基于集团总部与子公司共享审计师的情景,验证共同审计师的"信息传递"功能,本书从集团上市公司视角,基于审计师的监督和咨询功能,从集团上市公司会计舞弊、薪酬业绩敏感性以及税收筹划等方面验证了共同审计为企业集团降低代理成本、优化资源配置的作用,检验了共同审计师"信息整合"和"信息处理"多方面能力。此外,本书不仅将共同审计师的研究细化至会计师事务所层面,还在稳健性测试中使用了个人层面的共同审计师数据,拓宽了共同审计师集团治理效果的研究范围。

(四)丰富了聘用共同审计师动因的研究

有关聘用共同审计师动因的文献,只有少数研究从"知识外溢"及"信息传递"方面解释了相互关联的公司使用统一审计的原因(Dhaliwal et al.,2016)。基于集团公司的视角,李安兰等(2014)发现共同审计师的选取与集团总部与成员公司间的代理成本有关,但他们的研究并没有从理论上区分集团聘用共同审计师是出于"治理"还是"收买"动机,也没有从经济后果上对不同情形下集团共同审计的影响进行验证。本书基于企业集团降低代理问题、增加信息可比性两方面因素,从集团上市公司两权分离度、产权性质、集团子公司数量以及聘用审计师能力等方面,检验了集团共同审计的动机,并以经济后果的检验从理论和实证上对此进行验证,扩展了共同审计师聘用动机的研究,为打开企业集团决策行为的黑箱提供了研究思路。

(五)丰富了聘用共同审计师经济后果的研究

以往有关共同审计师的研究主要集中在其对审计质量、信息传递以及并购效率方面的影响,且并没有形成统一的结论(王春飞等,2010;伍利娜等,2012,2013;张瑞君和徐鑫,2017;Justin et al.,2017);少有研究涉及共同审计师对企业集团运作效率及公司治理的影响。本书通过论证共同审计师对集团上市公司会计舞弊、薪酬业绩敏感性及避税效果的正面影响，拓展了共同审计师"外溢效应"的影响边界，丰富了共同审计师的研究内容。

二、研究创新

（一）研究内容方面

企业集团内部的多重代理问题及信息不对称一直是学术与实务界关注的重点问题，但就已有研究来看，有关企业集团公司治理方面的研究大都基于集团内部资本市场及外部环境视角，讨论不同内部治理方式在不同环境中的适用性。本书从企业集团外部监督视角，以共同审计师在集团内发挥的监督和咨询作用为突破口，探究了外部治理模式对集团内部治理缺失的补充和优化作用，证实了共同审计师在整合集团信息、提供决策相关意见方面的正面作用。

此外，本书从企业集团聘用共同审计师动机层面，探究了集团决策行为的具体考虑因素。并发现，企业集团借助外部监督力量时，综合考虑了集团上市公司的控制权和所有权、产权性质，企业集团子公司数量以及上市公司所聘审计师能力等方面的影响，这为打开企业集团决策行为黑箱以及促进企业集团与管控部门间的激励相容提供了方向。

（二）研究方法方面

本书采取的样本数据较为精准且丰富，相比于西方国家使用独立公司多元化部门的数据探究企业集团内部资本市场效率，本书基于上市公司控制链，手工匹配了隶属同一最高控制人的集团上市公司，并以此作为研究样本对假设进行研究。此外，本书有关共同审计师的定义也极为丰富，从审计的供给方看，本书共同审计师定义既涵盖了共享同一事务所，也包括了共享同一审计师；而从审计的需求方看，集团共同审计不仅考察了成员公司间共享审计师，也探究了拥有共同审计师的企业集团整体以及集团总部与上市公司共同审计的聘用动机及经济后果。同时，为排除可能的内生性问题及替代解释，本书使用会计师事务所并购作为集团获得共同审计师的外生事件，构建了双重差分（DID）模型对共同审计师的监督及咨询功能进行再检验；此外，本书使用了倾向得分匹配法（PSM）、控制因变量滞后项、替换因变量、替换截面变量以及增加额外路径检验等方法对结论进行了严格的稳健性测试，结果显示，本书有关集团共同审计聘用动机、监督及咨询作用的结论较好地通过了上述测试内容。

第四节 研究的思路及框架

一、研究思路

当外部制度相对不完善、金融中介机构缺乏、信息传递机制不足导致市场交易成本相对较高时，企业集团能够依托自身的内部资本市场，凭借自身的信息优势（Williamson, 1979; Gertner et al., 1994; Stein, 1997）、融资优势（Khanna and Yafeh, 2007）、资源配置优势（Williamson, 1975; Stein, 1997）以及避税优势降低其交易成本。但随着市场的逐步发展，交易环境的逐步改善，企业集团相对于独立公司的比较优势日益下降，而随着集团规模的扩大、层级的增加，企业集团内部的双重代理问题及所导致的集团社会主义和成员公司寻租现象逐渐凸显，加之信息不对称和管理层不匹配情形的存在，可能会影响企业集团的运作效率。外部审计是降低代理问题的重要手段，首先，相对于单独审计，审计师同时审计企业集团内多家上市公司，出于集团内部上市公司的业务协同，共同审计师能够降低获取相关信息的成本，进一步地，共同审计师通过审计相互关联的上市公司能够从整体层面获取更多集团相关信息，因而能够更清楚地识别企业集团内部的资金分配的方向与目的,审计效率的提升增加了集团内上市公司进行会计舞弊的成本。其次,共同审计师能够帮助集团的实际控制人掌握更多的子公司信息,且相比于多家事务所,统一审计提供的信息更具可比性,直接降低了集团实际控制人与子公司之间的代理成本,同时增加了子公司寻租的难度,使子公司管理层的行为从"隧道导向"和"租金导向"转为"经济导向",最后体现为其薪酬业绩敏感性的提升。同时,集团共同审计还降低了实际控制人向多家事务所索取信息的成本。此外,从咨询角度,共同审计师能够将相互关联公司间的信息整合在一起,为集团实际控制人提供整体层面的资源分配意见,加强集团对成员上市公司的了解,而更多集团整体相关的信息有助于审计师本身做出更精准的判断,从而可以提供给集团的实际控制人更多的资源及利益分配意见。

基于此,本书从以下几个方面研究集团共同审计的公司治理效应。①从动机角度,企业集团为降低代理问题及信息不对称成本,是否会聘请同一会计师事务所或审计师对其多家上市公司进行审计呢?且统一审计的使用是否会受到集团特征的影响?②从监督视角,集团共同审计能否降低成员公司的会计舞弊行为?并提升成员公司的薪酬业绩敏感性?③从咨询视角,集团共同审计能够促进成员公司的税收筹划?

二、研究框架

基于上述分析,本书的框架见图1-1。

本书从集团上市公司内部双重代理问题及信息不对称入手,从理论上探讨了企业集团特有结构所提供的内部资本市场效率以及所带来的监督及管理成本,在特定环境中,集团总部为更好地控制并监督成员公司,有动机使用外部监管力量加强对各上市公司的监督,并提供给集团总部决策有用信息。基于共同审计监督和咨询的

"外溢效应",本书从"降低代理问题"以及"增加信息可比性"两方面探讨了企业集团聘用共同审计师的动机,其中集团上市公司的两权分离度与集团产权性质作为代理成本替代变量,而集团中上市公司数量以及所聘用审计师水平作为信息不对称的替代变量。

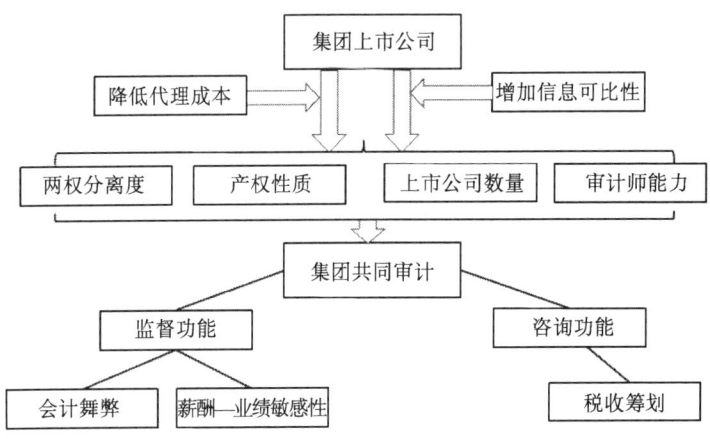

图1-1 本书研究框架

此外,在集团聘请共同审计师之后,本书基于审计"监督"和"咨询"两个基本功能,探究了共同审计对于企业集团的作用效果。使用集团上市公司会计舞弊以及其高管薪酬业绩敏感性作为总部与上市公司间代理问题的体现,检验共同审计对于企业集团的监督功能,并从集团内部税收筹划视角,探究共同审计对集团各上市公司间信息的整合效果,进而凸显共同审计师的咨询功能。

第二章
制度背景

第一节 企业集团的制度背景

一、集团的性质及定义

集团最早出现于 19 世纪欧美等发达国家市场，以家族企业为核心的财团通过控股、收购以及派遣管理人员等方式控制了众多成员公司，而这些成员公司之间的资本市场则形成了最初的企业集团形式。基于企业集团形式的内在优势，其在世界范围尤其是新兴市场国家中得到了迅速及广泛的发展。Coase（1937）有关企业性质及边界的讨论中认为，为减少交易中的定价及执行成本，交易双方会形成各种组织形式，当两个或以上企业之间的交易在同一组织内或使用同一标准进行时，企业的边界得以扩大。在此基础上 Klein et al.（1978）提出，市场中企业间的机会主义行为以及频繁的法律诉讼使交易成本增加，而激励相容的长期合约以及企业间的纵向一体化能够降低企业间有关交易达成、契约制度以及交易执行方面的成本，最终形成企业间统一标准的形式。

对于企业集团的定义存在着广义和狭义两种情况。在广义的定义中，企业集团是企业以正式或非正式的法律、契约或者社会关系联系在一起的，处于统一控制下的具有相互联系的组织结构（Granovetter，1994；Khanna and Rivkin，2001）。从社会学角度，

Jeff（1978）认为，企业集团是基于人们之间相互信赖、道德以及相似的个性所形成的处于共同管理下对不同领域进行投资的企业集合。与之类似的，Khanna and Yafeh（2007）提出，企业集团是以家族关系或股权结构为基础的，多家具有独立法人资格的企业组成的企业联合体。而从业务协同角度，Kanamori（1996）将在资金来往、人力资源派遣、原材料供应、产品销售以及制造技术上具有联系的企业定义为企业集团。我国学者黄志雄（1997）提出，企业集团是拥有独立法人的组织，出于一定目的、谋求协调发展而组成的经营共同体，与之相似的，汪建成和毛蕴诗（2006）也认为，集团是各独立企业为达成经济及业务上的协调发展而组成的联合体。而基于经济学视角，狭义的企业集团定义只包括以正式的股权为控制手段而形成的组织形式（Granovetter，2005）。如 Ghemawat and Khanna（1998）的研究中，将企业集团定义为相互关联并由家族控股而形成的一种企业组织形式。沈立人和叶克林（1999）认为，集团是以母子公司为主体，产权结构为纽带形成的适应社会化大生产及发达经济市场的多法人联合体。蓝海林（2007）也指出，企业集团是以"产权性质或资产为纽带的资产型战略联盟"，并将其认作是一类介于企业与市场之间的组织模式。

在我国，随着资本市场的放开、国外竞争者的引入以及消费者地位的提升加剧了企业间的竞争，使企业在优胜劣汰和利益驱使下进行兼并及合并；此外，我国市场保护力度的不完善增加了市场交易成本，也促进了集团的产生。此外，在政府推动层面，为实现国有经济战略性转型以及地方政府的政治目标，中央及地方政府都在致力于将国有企业组合为集团公司。在具体实践中，我国对企业集团的定义是一个逐渐变化的过程，在我国集团形成的初期，企业集团是以合同为联系纽带，以政府为监管主体的组织联合形式，在早期有关集团的规定中指出，组织联合不受行业、地区和所有制、隶属关系的限制，其组成应由有关各方代表组成联合委员会，形成权力结构。对联合委员会的决议，联营各方无权加以改变，行政部门也不得任意干预。1987年由国务院、国家体改委以及国家经委首次发布了《关于大型工业联合企业在国家计划中实行单列的暂行规定》和《关于组建和发展企业集团的几点意见》，并指出，企业集团是为适应我国市场经济客观需求而组建的一种有多层次组织结构经济组织，其识别的核心是能够自主经营、独立核算、自负盈亏并具有完整的法人资格。此外，具有企业集团特征的联合企业应该是在国民经济中具有重要地位的企业，其是由一个或多个具有内在联系的企业为龙头，进行跨部门、跨地区的企业联合。1998年国家工商行政管理局制定的《企业集团登记管理暂行规定》对企业集团进行了较为完善的定义，规定中明确指出："企业集团是指以资本为主要联结纽带的母子公司为主体，以集团章程为共同行为规范的母公司、子公司、参股公司及其他成员企业或机构共同组成的具有一定规模的企业法人联合体。企业集团不具有企业法人资格。"2006年，经国务院同意，由国资委发布的《关于推进国有资本调整和国有企业重组的指导意见》有关集团培育的规定中，企业集团应由符合国家产业政策的企业，向有利于资源优化配置、提升经济规模效应以及形成一定的产业集中度的方向组合而成。

综上，可以发现，我国有关企业集团的具体认定从职能整合逐渐转为母子公司控制体系，并从行政部门统一指挥逐步放开至各集团独立裁决，自负盈亏。基于上述定义，本书所采用的集团定义是：若存在两家或以上企业由同一最高实际控制人控制，则将这些企业认定为同一企业集团内的企业。且由于集团内非上市公司财务数据的不可获取性，本书使用集团中上市公司作为研究样本。

二、我国企业集团的发展历程

企业集团形式产生的主要原因是为了降低市场交易成本。在新兴市场国家，由于市场起步较晚，制度环境发展相对欠缺，对投资者的保护力度较为薄弱，因而使市场中的交易成本较高，其对企业的投融资、生产及经营会造成负面影响。而企业集团基于其规模经济及内部资本市场等特征，能有力地支持成员公司在市场中竞争，并通过集团内部的资本、人力、信息的调动及共享，使企业生产更具有效率。企业集团的产生有利于缓解由于交易成本过高而对经济发展的阻碍。然而，交易成本的高低与新兴市场中的市场模式、制度环境、资本充足水平、政策支持程度、劳动力分布及供需状况等具体因素相关，在引入企业集团时，要根据市场不同时期的特征合理地将集团生产的模式嵌入进企业当中。

在我国，企业集团的引入及发展主要经历了如下几个阶段：

联合企业阶段：以1980年国务院发布的《关于推动经济联合的暂行规定》（以下简称《规定》）为起点。在改革开发的初期阶段，我国企业的生产发展仍然受到计划经济的影响，其生产经营在一定程度上还按照定额配给进行。随着改革开发的深入，企业间的合作及交流也逐渐增加，随着经济管理体制改革的进一步深入，为进一步促进企业间经济业务联合所带来的优势，《规定》指出："走联合之路，组织各种形式的经济联合体，是调整好国民经济和进一步改革经济体制的需要，是我国国民经济发展的必然趋势。"此外，《规定》中还指出："组织联合应以生产发展的迫切需求出发，并在资源原则的基础上，做到跨行业、跨地区、跨所有制以及跨越隶属关系的联合，并且在联合企业中要做到平等互利，兼顾各方的经济利益。"《规定》在改革开放初期为企业间的合作提供了支持，但由于我国经济正处于转型初期，在企业的联合上还具有一定的局限。如规定中指出："联合经济体中的原材料必须首先保证国家下达的计划调拨任务，剩余部分才能够自主加工并获取利润"；且在对联合经济体的管理上，《规定》进一步强调："各级政府要加强对经济联合的领导。"

可以看出，在我国企业集团发展的初期阶段，企业联合得到了政策的肯定，并初步由政策引导组成。随着经济体制改革的深入，1987年国务院颁布了《关于大型工业联合企业在国家计划中实行单列的暂行规定》的详细条例，将大型工业联营企业在国家计划中实行单列，并首次提出了"集团项目"的概念。在《暂行规定》中，进一步对经济联合体的概念进行了规范，并放开了该类企业的自主权，如《暂行规定》中指出："大型工业联营企业应独立经营、自负盈亏，这些企业在经济上既可以统负盈亏，也可以分负盈亏。"

政府导向阶段：随着联合经济体在我国市场中所发挥的功能扩大，集团的优势得以凸显。为进一步推广企业集团这类新兴经济体，国家体改委以及国家经委于1987年发布了《关于组建和发展企业集团的几点意见》，对企业集团进行了明确定义："企业集团是为营社会主义有计划商品经济和社会化大生产的客观需求而出现的一种具有多层次组织结构的经济组织。"在这一阶段，政府为企业集团的发展提供了有利环境，如允许企业集团拥有独立自主权，允许其设立财务公司，并要求各地区及部门要积极引导本地区的企业与跨地区部门组成集团，积极支持和保障企业集团的发展。在1991年国务院颁布的《关于选择一批大型企业集团进行试点请示的通知》中，由国有资产带动的55家企业集团作为发展试点正式启动，而1992年《关于印发国家试点企业集团国有资产授权经营的实施办法（试行）的通知》则将政府引领的模式推广到了全国。在此基础上，1993年《中共中央关于建立社会主义市场经济体制若干问题的决定》中指出："为实现现代化要求，应将全国性行业总公司逐步改组为股份公司，并发展一批跨地区、跨行业的大型企业集团以适应竞争日益激烈的国际市场。"

市场化阶段：自1980年国务院颁布《关于推动经济联合的暂行规定》以来，企业集团模式在我国的发展迅速，然而可以看出，处于这一阶段的企业集团依旧是以政府力量进行统一调控，集团成员公司之间以管制作为纽带。而 1994 年颁布的《中华人民共和国公司法》使我国企业集团正式步入以控股关系为纽带的发展阶段。此后，在 2004 年有关《公司法》的修订中，完成了企业从资本信用到资产信用的转换，对于企业集团而言，进一步实现了其资产纽带的转化。2006 年，在企业集团市场化的基础上，《关于推进国有资本调整和国有企业重组的指导意见》中提出："要推进国有企业的强强联合，培育一批具有国际竞争力的企业集团。"

新时代改革阶段：以 2015 年颁布的《国务院关于国有企业发展混合所有制经济的意见》为标志，我国企业集团的组成及发展模式进入了全新的阶段。其中，有关"探索在集团公司层面推进混合所有制改革"的规定中指出："在以国有资本控股的基础上，鼓励形成新的治理结构；这使得企业集团在实现股权多元化的基础上，吸收了来自各方的经营模式，使得企业集团各成员公司中的经济机制更加灵活且高效。"此外，在 2014 年颁布的《国务院关于进一步优化企业兼并重组市场环境的意见》以及 2018 年的《国家发改委关于支持国有企业改革政策措施的梳理及建议》的相关规定对企业的兼并及重组业务也提出了新的要求。

第二节　共同审计的相关背景

一、共同审计师的优势及发展

共同审计是指两家或以上企业使用同一所会计师事务所。相比于公司独立审计，共同审计师能够充当公司间信息桥梁的角色。一方面，当使用共同审计的公司之间存在联系时，共同审计师能够为公司带来审计质量（Johnstone et al.，2014）、并购绩效（Dhaliwal et al.，2016；Ye et al.，2015；Chircop et al.，2017）、与主要客户和供应商的交易效率（Dhaliwal et al.，2016）以及税收规避（曾姝和李青原，2016）等方面的优势；另一方面，同一事务所或审计师也能将其在不同企业学习到的知识或获取的信息用于不同的客户公司，进而提升其审计效率（鄢翔等，2018）。

随着上市公司审计要求的提升以及全球化程度的提高，公司对共同审计的需求逐渐增加。而全球审计公司网络（Global audit firm networks）的发展为这类需求提供了解决方案。全球审计公司网络是在法律和经济相互独立的国家中，为满足国际客户的需求而成立的由一家或多家成员事务所组成的战略网络系统（Lenz and James，2007），在该网络系统中，所有成员事务所都是独立的法律实体，并根据所在国家的法律规定，在不同地理区域运作。但在全球审计公司网络内部，成员事务所拥有共同的审计方法、政策和程序、治理控制以及客户服务方法（Deloitte，2017），并能够共享审计知识、技能以及工具（PricewaterhouseCoopers，2017；Grant Thornton，2018）。

二、我国企业共同审计的相关规定

随着我国市场经济的改革与发展，企业产品及地域的多元化程度上升，为保证企业的信息披露及管理的质量，共同审计模式在我国逐渐得到推广。2010年财政部印发的《金融企业选聘会计师事务所招标管理办法》中明确指出："金融企业合并资产总额在5000亿元以内或者控股企业户数在50户及以内的，其原则上应当聘用同一家会计师事务所进行审计"，即采用共同审计的方式。同时，若金融业的并购规模在5000亿元以上且控股企业在50家以上的，在坚持统一审计的基础上，为便于事务所或会计师的选聘，规定企业"最多可聘用不超过5家会计师事务所，且主审会计师事务所承担的审计业务量一般不低于50%"。

为加强国有资产的监督管理、提高公司信息治理以及规范公司审计工作。国务院国有资产监督管理委员会 2004 年发布了《国资委统一委托会计师事务所工作试行办法》,其中第四条规定:"按照国家有关招投标法律、法规及国资委有关财务决算审计规章制度的规定,国资委通过对外公开招标或者由被审计企业推荐报国资委核准的方式确定邀请招标对象,具体组织统一委托会计师事务所工作。"而在具体实施中,该《办法》规定,企业总资产在 100 亿元以下的,原则上应只委托一家会计师事务所对其所有业务单位进行审计;而企业资产大于 100 亿元且具有多家子公司时,可以委托同一家事务所进行审计,也可以委托多家事务所分别对其子公司进行审计,但最多不得超过 5 家。

文献综述

第一节 企业集团的相关研究

一、企业集团形成原因的研究

有关企业集团的形成的研究主要基于减少交易成本、降低集团成员机会主义行为、缓解股东财务约束以及政策管制等方面。基于科斯的理论，任何形式的合约都会产生交易成本，当以市场契约方式进行交易的成本较高时，企业集团的生产能够降低交易的合约制定及实施成本，因而能作为市场交易的一种替代形式存在（Coase，1937）。利用49个国家法律制度数据，La Porta et al.（1999）研究发现，在法律环境较差，投资者保护水平较弱的国家，其资本市场的规模更小，运行效率也更低。在此基础上，Khanna and Palepu（1997）认为，相比于发达经济体，新兴市场的制度及法律环境较差，导致外部市场交易成本升高，进而促进了企业集团的产生及发展，并认为，成功的集团模式能够有效地在不同经济环境中对其成员公司进行调节。Khanna and Yafeh（2007）的研究验证了上述观点，他们发现企业集团在新兴市场国家更为普遍；与之相似的，Belenzony and Berkovitzz（2010）基于欧洲市场的调查也发现，相对于金融市场发展水平较高的地区，企业集团的经营方式更多地存在于金融市场水平较低的地区。同样，Fauver et al.（2003）的研究也表明,在外部资本市场及法律制度较为落后的国家中,多元化公司的经营业绩表现良好,论证了企业集团对于外部资本市场的有效替代。

此外,Leff(1978)的研究还发现,当合约无法穷尽所有的交易情形时,企业可能会为了追求自身利益而产生机会主义行为。而相比于独立企业,企业集团内的成员公司若出现违约或机会主义行为则可能影响整个集团,其惩罚成本可能外溢至其他成员公司,因而企业集团的存在能够有效抑制成员公司对外的机会主义行为。Radhakrishnan et al. (2007) 的研究也发现了类似的结论。

从缓解股东财务约束方面,集团股东能够通过较少的资金对更多的企业进行控制,Berle and Means(1932)最早发现,公司的所有权与控制权发生分离,并指出,企业集团能够通过多层级控股,实现对更多公司的控制。在此基础上,大多数研究发现,集团往往倾向使用"金字塔"结构或交叉持股等方式控制各成员公司(La Porta et al., 1999; Claessens et al., 2000; Faccio and Lang, 2002; Almeida and Wolfenzon, 2006; 李增泉等, 2008); Faccio and Lang (2002)基于欧洲市场的研究表明,交叉持股及"金字塔"股权结构能够强化大股东对与企业集团的控制。此外,由于外部融资约束的存在,集团不仅能够利用多层级"金字塔"结构拓展总部对上市公司的控制,而且能够通过相互或整体担保等模式获得更多债权融资;因而相比于地处融资约束程度较低地区的企业集团,所在地融资约束程度较高的企业集团,其"金字塔"控股层级越多(李增泉等, 2008)。Almeida et al. (2011)利用韩国集团公司的数据进一步分析并指出,当集团并购对象为低盈余、高溢价的公司时,其更倾向使用"金字塔"股权结构对被并购方实施控制,这表明集团结构的形成部分归因于控股股东的资金限制。

而从政策推动方面,国外学者大多认为政府的监管及税收政策阻碍了企业集团的发展。Morck(2005)的研究发现,美国20世纪 30 年代双重征税的范围包括了公司间的股利分配，但不包含企业向个人支付的股利，降低了集团组建的积极性，最终使美国资本市场中的"金字塔"控股结构迅速瓦解；与之类似的，Bilal et al. (2017) 的研究也发现，萨班斯法案规定上市公司增加独立董事人数后，打破了原有董事会的最优结构，降低了企业集团内部资本配置的决策效率，并抑制了集团模式的构建。

然而在我国，伴随着改革开放的深入与经济发展的需求，企业集团更多地表现为由市场经济与政策力量共同推动的产物。与西方市场制度不同，企业集团在我国的形成及发展带有较强的行政推动色彩。自 20 世纪 80 年代初期，国务院发布《关于推动经济联合的暂行规定》以来，我国政府多次颁布相关政策推动企业集团在资本市场中的发展[①]。林云（1998）探讨了我国集团企业形成的机理，市场方面，我国市场放开、国外竞争者的引入以及消费者地位的提升加剧了企业间的竞争，使企业在优胜劣汰和利益驱使下进行兼并及合并；此外，我国市场保护力度的不完善增加了市场交易成本，也促进了集团的产生。而政府方面：为实现国有经济战略性改组以及地方政府的政治目标，中央及地方政府都在致力于将国有企业组合为集团公司，黄俊和张天舒（2010）以及陈德球等（2011）的研究也发现了类似的结论。政府部门的推动，一方面带来了宏观调控的便利，能在一定程度上缓解"市场失灵"；另一方面，政策的倾斜可能抑制市场竞争，增加了集团对政府部门的依赖性，且非经济的政府目标以及高管人员的选派制度，都在一定程度上降低了

---

① 1987 年，国务院先后发布了《关于大型工业联合企业在国家计划中实行单列的暂行规定》和《关于组建和发展企业集团的几点意见》；1993 年，国务院颁布《中共中央关于建立社会主义市场经济体制若干问题的决定》；2006 年，国资委通过并发布《关于推进国有资本调整和国有企业重组的指导意见》；2010 年国务院办公厅印发《国务院关于促进企业兼并重组的意见》；2018 年，国家发改委通过《国家发改委关于支持国有企业改革政策措施的梳理及建议》。

集团公司的经济活力。此外,由于我国资本市场制度尚不完善,投资者保护力度较弱,出于自利动机,大股东也有动机通过构建集团结构对上市公司进行掏空(刘启亮等,2008)。

综上所述,集团的形成一方面出于减少交易成本、降低机会主义行为等市场导向动因;另一方面也受到股东财务约束及控制权收益的影响,此外,集团公司的形成还受到政策的推动或抑制作用。在我国环境中,集团的形成不仅受到市场规律及交易成本的影响,政府的推动力量在很大程度上促进了集团的快速发展。因此,在分析我国企业集团治理效应问题时,不能仅考虑集团本身及市场环境因素,而应将政府推动所造成的影响因素纳入集团公司治理体系当中。

二、企业集团治理效率的研究

有关企业集团治理效率的研究集中讨论于以下两个方面:企业集团的有效性(Rajan et al., 2000; Scharfstein and Stein, 2000; Khanna and Tice, 2001; Gertner et al., 2002; Billett and Mauer, 2003; Almeida et al., 2015; Agarwal et al., 2011; Ozbas and Scharfstein, 2010)以及影响企业集团运作效应的治理因素(Hovakimian, 2011; Aigbe and Ann, 2015; Chen, 2016; Bilal et al., 2017)。

大量有关集团有效性的文献集中于讨论其运作效率。支持的观点认为,集团内部的资本市场使企业在投资决策时无需引入对自身信息不了解的外部投资者,因而能更好地进行项目选择,增加投资效率(Myers, 1977),同时避免了外部融资成本(Stein, 1997);并且在资金分配的过程中,集团公司作为企业资本的拥有者,可以利用其信息优势,对内部企业实施更有效地监督与控制(Gertner et al., 1994),并将资源分配至最有效率的项目上,进一步提升资金的使用效率(Stein, 1997)。在此基础上,Matsusaka and Nanda

（2000）分析并探究了集团内部资本市场中，总部对于成员公司的监督与优胜者选拔功能。Alchian（1969）认为，企业集团得以发展的原因，很大程度上依赖于其内部的资本市场，使企业在竞争过程中能够获得充足的资金，并能通过集团总部对子公司的信息优势，达到资源的有效配置。与之类似的，Williamson（1975）指出，企业集团能够存在的原因在于其内部资本市场的资本配置、激励和监督机制的有效性，相比于外部市场，集团对公司经营效率的促进作用更强。此外，内部资本市场的存在还能促进集团内部企业的竞争，从整体上提升集团的经营效率。Khanna and Tice（2001）的研究验证了以上观点，他们发现，当多元化公司面临更激烈的行业竞争时，公司内更不具备成长性的"折扣部门"将获得更少的资金。与 Khanna and Tice（2001）的研究相似，Billett and Mauer（2003）发现财务困境能推动多元化公司中的资金向具有良好投资机会的部门流动，进而产生超额回报。Tan et al.（2018）的研究表明，利用内部资本市场，企业集团不仅能够降低成员公司之间的过度投资，并能够缓解集团整体研发投入不足的情况。黄俊和陈信元（2011）也表明，通过降低融资成本以及资源整合，相比于非集团企业，集团企业对研发资金的使用效率更高。

在融资方面，由于企业与外部资本市场中存在着信息不对称，使企业在融资时会出现不同程度的信用约束；随着信息不对称程度的加大，即使企业存在净现金流为正的项目，依旧可能出现融资不足的情形（Myers and Majluf，1984），而集团内部资本市场的构建能够满足成员公司具有潜力项目的融资需求。企业集团会为了整体的最优发展而利用自身的内部资本市场对资源进行调配。相比于单一公司投资，企业集团投资受到行业及融资约束的影响较小（Anagol and Pareek，2019）。在单一行业投资环境不好时，集团能够通过内部资本市场，将该行业公司募集到的资金转移至处于投资环境较好行业中的公司中，以达到资源的最优化利用。同时，若集团内部具有较好前景的公司由于融资约束等因素无法筹集到足够资金对项目进行投资时，集团也会将其总部或其他公司资金融资注入，以保持整体最优发展。Stulz（1990）通过对多元化公司进行研究，认为相比于单一业务企业，多元化公司在部门之间构建的内部资本市场能够将资金有效转移至具有投资机会的部门，在有效解决企业融资约束的基础上，有利于企业价值的提升。类似的，Lewellen（1971）的研究认为，由企业并购形成的多元化经营及内部资本市场并非"零和"博弈，而内部市场之所以能够产生额外收益，源于其独特的经营及融资特点。经营方面，企业合并一方面构成了行业内的竞争优势以及生产上的经济规模效应；另一方面，来自不同行业的部门使企业的生产链条更为完整，能够形成内部市场中的产能互补。而更为重要的是，在融资层面，内部资本市场能够整合不同类型的资金，在降低企业内部资金波动的同时，增加了其债务承担风险。此外，在我国，集团大多由非上市公司群体组成，并通过拆分或整体上市等模式向二级市场进行股权融资，而这部分融入资金，除上市公司本身使用之外，是其他非上市公司投资资金的重要来源（姚耀军和董钢锋，2015）。

集团不仅能够利用自身内部资本市场实现资金在不同类型企业中的流通，以满足成员公司的融资需求；从集团整体层面出发，多家公司通过整合的融资效率要高于其独立融资水平（潘红波和余明桂，2010）。相对于单一企业，集团内部的金融资产拆借行为能够减少总体的融资约束（Deloof，1998），并且由于集团聚集效应的存在，降低了其成员的财务违约风险，因而能够进一步降低其融资成本（Khanna and Yafeh，2007）。Saeed and Sameer（2015）测试了集团隶属关系对于公司财务约束的影响，结果表明，相比于独立公司，集团附属企业并不存在财务约束，且集团内部资本市场的存在降低了关联公司间的融资限制，且这类正面作用与集团整体规模成正比。此外，出于集团整体声誉的考虑，相比于独立公司，集团成员作为借款方时能够获得有形或无形的担保，进而降低其融资约束，并享有更优惠的贷款条件。

投资方面，由于资本市场存在信息不对称现象（Jensen and Meckling，1976；Stulz，1990），会使投资方难以判断投资支出的回报，因而可能导致企业产生非效率投资的现象（Modigliani and Miller，1958；Myers and Majluf，1984；Fazzari et al.，1988）。企业集团的跨行业经营能在一定程度上缓解投资中的信息不对称问题；此外，企业集团作为一种介于市场与公司之间的中间组织，承担了应由外部市场承担的交易成本，降低了成员公司的经营成本，使得企业专注投资于使自身利益最大化的项目，进而提高投资效率（Khanna and Palepu，2000）。辛清泉等（2007）认为，相比于独立企业，企业集团在打破地域壁垒、统一内在激励、调配投资资金以及享受政策福利等方面具有明显优势，进而有利于降低其成员公司的投资成本，提升投资价值。

而在集团整体经济后果上，积极的观点认为，通过降低市场交易成本和缓解企业融资约束，集团化经营有利于企业业绩的提高，尤其是当外界制度的发展较落后时，这一业绩提升作用更明显。Chang and Choi（1988）的研究证实了上述观点，利用韩国市场数据，他们发现相比于单一产业的公司，多元化的集团结构能够降低由于组织失败的带来的交易成本，进而能够取得更出色的经济绩效；利用新兴市场国家企业样本，Khanna and Palepu（2001）也指出，集团企业的经营绩效要优于非集团企业，Keister（1998）也得到了类似的结论。Bae et al.（2008）则认为，集团内公司的业绩增长具有一定的"传导效应"，当成员公司发布业绩增长公告时，对其他集团公司具有正面的影响。在此基础上，Lahiri et al.（2017）指出，集团经营模式对业绩的促进效应主要来自其对不同行业信息及资源的整合。

虽然上述研究阐述并证明了集团运作的有效性，但依旧存在反对的观点。Lang and Stulz（1994）从企业多元化的角度，发现多元化降低了企业的价值，且相对于专业化经营的公司，多元化企业的业务部门存在着不同程度的业绩折价（Berger and Ofek，1995）；进一步研究认为，多元化折价的直接原因是企业部门的非效率投资行为（Scharfstein and Stein，2000；Ozbas and Scharfstein，2010）以及部门间的交叉补贴（Scharfstein and Stein，2000；Shcarfstein，1998）。此外，企业集团内的双重代理问题也是造成其内部资本市场失效的重要因素。首先，集团内部各分部经理可能通过向集团总部寻租以获取资源，使内部资本的分配不再为部门业绩导向或部门发展前景导向（Scharfstein and Stein，2000）；Zhang and Chen（2014）发现，集团公司中，分部经理为了获取更多的股权及投资收益，更倾向进行过度投资。其次，随着集团内部资金的配置失衡，资金流向更不具备成长性的部门，导致投资效率下降（Rajan et al.，2000）；将集团内部具有成长性的部门单独剥离出来，反而能够提升其经营效率（Gertner et al.，2002；Oguzhan，2010），Oguzhan and David（2010）对比了独立企业与集团分部的投资——价值敏感性，发现相比于独立企业，集团分部的投资——价值敏感性较低，且在高价值行业中的集团公司往往比独立企业投资更少；进一步研究发现，当集团管理层持股比例较少时，上述差异更加明显。最后，从委托方的角度，集团资源分配的机会主义现象也是造成其内部资本市场失效的重要原因（Scharfstein and Stein，2000；Chou，2010；Wang and Ye，2014）。Radhakrishnan et al.（2007）利用印度集团公司的数据研究发现，跨部门贷款是集团公司转移资金的重要手段，且为了避免集团上市公司违约，集团通常支持财务状况较差的公司。Chou and Eric（2010）发现，除了集团总部意愿及分部经理主动寻租等原因之外，当部门经理的私人收益与部门收益冲突时，集团实际控制人为补偿部门经理的这部分收益，也会诱发集团机会主义现象的出现。在我国，企业集团形式的出现较晚，其带有较强的大规模并购及政府推动色彩，与之相应的市场环境及投资者保护力度也相对不足。通过对华通天香集团的案例研究，杨棉之（2006）发现，当外部市场环境较差，投资者保护力度欠缺时，内部资本市场反而会成为大股东进行利益输送的主要渠道，集团在多家上市公司间配置资金的同时，其配置效率并无显著提升（杨棉之等，2010）。谢军和黄志忠（2014）的研究认为，相比于民营集团，国有集团中部门寻租的现象更为普遍，其在缓解融资约束、强化资金配置以及降低交易成本等方面并不具备比较优势。此外，利用中国集团数据，Wang and Ye（2014）印证了集团内存在社会主义补贴现象，并发现交叉补贴降低了集团内优质公司的薪酬业绩敏感性，降低了其工作激励。在此经验证据上，Chen et al.（2015）对企业集团的产权性质进行了区分，发现相比于民营集团，国有集团的资金分配效率更低，进一步研究表明，外部投资者的监督能够削弱国有集团非效率分配资金的倾向。

在此基础上，为优化集团企业内部资本配置，提高集团公司治理效率，学者们开始研究集团运作效率的影响因素。在宏观环境方面，Hovakimian（2011）利用美国数据，检验了多元化公司内部资本市场效率的影响因素，发现当出现财务危机时，多元化公司的内部资本市场效率显著提升，并体现在资金更多地流入价值更高的分部，流出价值相对较低的分部，验证了外部融资环境对内部资本市场效率的影响。与 Hovakimian（2011）的研究一致，Billett and Mauer（2003）认为，当多元化公司中具有高投资潜力的部门处于财务困境时，内部资本的流入会使该部门的业绩提升更加有效，并且随着集团企业面临的市场竞争程度增加，为阻止竞争对手进入市场，集团公司会将资金注入具有垄断能力的子公司（Cestone and Fumagalli，2005）。Dah et al.（2017）检验了《萨班斯法案》对多元化公司内部资本市场效率的影响，研究发现，《萨班斯法案》规定上市公司增加独立董事人数后，打破了原有董事会的最优结构，并且最终降低了企业内部资本市场效率；进一步研究发现，独立董事强制增加政策促使分部与总部经理引入符合自身利益的独立董事从而激化了分部公司与总部的利益冲突以及总部的集团社会主义现象。

从内部控制的角度，一方面，公司的内部资本效率随着股东与总经理的代理问题增加而增加（Kima and Sung，2012），因而好的公司治理能够通过缓解代理问题，显著提升多元化公司的内部资本效率，进而提高其投资效率，使多元化公司各分部投资额与投资机会的敏感系数高于与现金流的敏感系数（Chen，2016）；另一方面，高管激励也能够提升多元化公司的内部资本市场配置效率，Datta et al.（2009）发现，当多元化公司中 CEO 的股权激励增加时，其内部资金更多地流向价值更高的分部。此外，也有研究表示集团内部资本市场的有效性会随着集团组织结构的改变而变化。Khanna and Palepu（2000）利用印度集团公司的数据研究发现，集团公司内部企业以会计指标和市场反应表示的公司业绩随着公司多元化以及集团化程度的加深而下降，但当多元化和集团化程度超过一定水平之后，企业的业绩指标会随之增加。

综上所述，第一，以往有关集团有效性的研究尚没形成统一的结论；以往研究证明，企业集团内部可以通过避免外部投资者干预、内部监督、内部竞争以及相互担保等方式来提升资源配置的效率，但集团内部的双重代理问题以及机会主义现象使集团可能存在交叉补贴以及过度投资的行为，因而会降低其运作效率，但少有研究涉及如何在既定环境中提升企业集团运作效率及公司治理。第二，有关集团运作效率的影响因素方面，现有研究大多利用美国数据，从宏观环境以及公司统一的内部治理制度入手，发现了企业内部资本市场在不同环境下的表现形式。但由于美国多元化公司大多都是单一上市公司，这类研究关注的都是单个主体；然而包括中国在内的众多发展中国家，同一集团中的上市公司往往是从非上市母公司中分离出的独立法人,其虽然被同一实际控制人控制而形成内部的相互关联关系,但在形式上各公司保持相互独立。相比于多元化公司,集团内部的代理问题更加严重,内部交易也更为复杂。并且,由于上市公司之间的相互独立,企业集团很难形成统一的内部管理制度,且面对不同的宏观环境,各个上市公司会根据自身的特征表现出不同的应对形式;加之地处发展中国家,大部分企业集团的实际控制人可能都带有不同程度的政治关联,使得集团控制人在分配内部资本时并不完全受制于市场规律。因而使得企业集团无法像多元化公司一样,使用统一的制度标准,也难以根据市场环境变化做出一致的反应,导致在如何提升企业集团运作效率的研究领域还处于相对空白的阶段。

第二节 公司会计舞弊的相关研究

一、公司会计舞弊动机的研究

会计舞弊是指公司管理层,基于自身利益的考虑,使用不正当手段,有计划、有目的地故意违背国家法律、法规及相关会计政策,编造不实财务会计信息的行为。上市公司会计舞弊会导致财务报表会计信息失真,错误地反映上市公司生产经营的真实情况,最终损害会计信息使用者的利益。基于上市公司会计舞弊动因的研究最早可追溯到 Bologna and Lindquist(1993)的两因素理论,他们认为,公司的财务状况与管理人员的行为因素共同诱发了上市公司会计舞弊。在此基础上,Albrecht(1995)进一步将会计舞弊的影响因素细分为机会(Opportunity)、压力(Pressure)和借口(Rationalization),其中压力因素为会计舞弊动因,而机会和借口则为公司管理人员的舞弊行为提供了途径。而 Bologna et al.(1993)则认为，贪婪（Greed）、机会（Opportunity）、需要（Need）和暴露（Exposure）更能反映管理人员会计舞弊的的行为动因，且基于此理论，将各舞弊动因分为一般风险因子及个别风险因子，以讨论在不同企业中，组织治理与管理层特征对会计舞弊的影响。

现有文献从利益驱动（Bertrand et al., 2003）、盈余管理（沈振宇等，2004；Young et al., 2013）、薪酬管理（Watts and Zimmerman, 1978；Guidry, 1999；刘媛媛和李晶，2012）、制度环境（Jaggi, 1975；Watts and Zimmerman, 1990；刘峰等，2004）以及管理人员特征（卢馨等，2015；Liao et al., 2019）等方面为上述会计舞弊动因理论提供了论证。洪荭等（2012）通过拓展四因素模型发现，在其他条件不变的情况下，管理层风险偏好及持股比例导致的贪婪程度增加时，上市公司发生财务舞弊的概率越大，且上述代理因素对公司舞弊机会的影响在公司治理结构不完善及关联交易程度越大时更加显著。

此外，基于新制度经济学理论，大多数研究认为，委托-代理问题是导致上市公司财务舞弊的根本原因，传统的委托-代理问题是指当公司股东与管理层利益不完全一致时，出于追求自身利益最大化的目的，上市公司管理层行为会与股东要求冲突（Jensen and Meckling, 1976），而由这类冲突产生的交易成本为第一类代理成本。在这类代理问题的情景下，企业管理层为了获取更多薪酬（Qiu and Slezak, 2019）、侵占上市公司资产（Albrecht et al., 1995）等原因会通过违规操作及粉饰报表等手段增加上市公司的会计舞弊行为。在此基础上 Shleifer and Vishny（1986）提出，随着大股东控股比例的提高，大股东与中小股东的之间的代理问题日趋明显，其产生的代理成本已超过第一类代理成本，且这一趋势在新兴市场国家尤为明显，这类成本被称作第二类代理成本（Faccio and Lang, 2002）。基于大股东与中小股东差异视角，在一家上市公司中，大股东具有信息及资源优势，且能够直接参与公司决策，其出于操纵股价（Burgstahler and Eames，1998）、掏空上市公司（Bertrand et al.，2003）等动机，也会产生会计舞弊行为。

信息不对称的存在为上市公司会计舞弊提供了便利条件。委托方层面，由于信息获取的缺失，很难针对公司具体的经营目标提出确切的要求，此外，由于信息传递过程中的流失与损耗，委托方的要求与命令很难被完全满足，增加了其对上市公司控制与监管上的成本。而基于合约的不完备特征，委托方不可避免地会承受代理方的机会主义行为，从会计舞弊角度，这类机会主义行为带来的损失会等于代理方监督的成本。而从代理方层面，由于自身利益与委托方不完全相同，加之对上市公司的控制权，使其有动机通过财务舞弊行为对公司实际经营情况进行掩饰，以达成自身利益最大化的目的。而信息不对称程度的加剧为代理方财务舞弊的行为提供了便利，并增加了委托方的监管成本，随着信息不对称程度的增加，新的均衡下，会计舞弊所造成交易成本损失逐步增大，管理层进行财务舞弊行为的损失逐步提高（谢朝斌，2000）。

在此基础上，大多数研究为上述理论提供了支持。从内部治理角度，Watts and Zimmerman（1990）认为，制度中的选择权给予管理层更多的机会进行财务舞弊。Paul（2004）也表达了相似的观点，通过考察内部治理结构与会计舞弊的关系，研究发现，上市公司的权力集中度与会计舞弊行为呈正比。Dunn（2004）和 Farber（2005）也发现了相同的结论。Skousen et al.（2008）的研究表明，上市公司会计舞弊往往伴随着较高的股权集中度，而董事会缺乏独立性会加剧舞弊行为的产生。Nurlaeliyah（2017）的研究发现，上市公司内部治理的有效性以及不道德行为发生的概率是影响会计舞弊的主要原因。Purnomo（2017）也得到了同样的结论。

二、公司会计舞弊行为识别及治理的研究

早期有关会计舞弊识别的研究大多集中探讨公司舞弊前的征兆。采用问卷调查的形式，Albrecht and Romney（1986）最先提出会计舞弊所表现出的"红旗（Flag）"指标。在此基础上，学者们从内部控制（Cottrell and Albrecht，1994；张颖和郑洪涛，2010）、财务信息（Coreverman，1995；Albrecht et al.，1995；Beneish，1997；Lee et al.，1999；Spathis et al.，2002；Dechow et al.，2011）、公司治理结构（Beasley，1996；Dunn，2004；Hoitash et al.，2009；陈玉娇，2013）、管理层行为（Summers and Sweeney，1998）等方面对会计舞弊所表现出的征兆进行了探讨。Kinney and McDaniel（1989）指出，相比于财务状况正常的公司，具有财务困境的公司为对其报表进行掩饰，更有动机进行会计舞弊。与之类似的，Loebbecke et al.（1989）和 Albrecht（1995）也认为，财务状况恶化是管理层进行会计舞弊的重要原因。在此基础上，Palepu et al.（2000）发现上市公司会计舞弊往往伴随着收益与现金流量、所得税、销售额之间的不匹配。从正式制度与非正式制度划分的角度，Carpenter and Reimers（2005）和 Choo and Tan（2007）考察了伦理道德及意识形态等非正式制度对会计舞弊的影响。使用主成分分析法，Wuerges and Borba（2014）归纳了引发会计舞弊的财务因素，而 Timothy et al.（2000）则将能够有效识别上市公司会计舞弊的因素归类为公司增长率、内控环境、目标压力、信息传递、所有权机构以及财务报告六个方面。

基于我国环境，郝玉贵和刘李晓（2012）的研究发现，出于提升上市公司股价及套现的目的，公司管理层会利用关联方交易进行财务舞弊。韦琳等（2011）利用上市公司会计舞弊样本，通过与非舞弊公司的配比研究发现，相比于非舞弊公司，舞弊公司中以财务压力、外部压力、个人财务需求表示的压力指标与董事会结

构、关联交易表示的舞弊机会指标具有显著差异，具体表现为压力越大，机会越多时，舞弊的可能性越大。陈佳声（2014）的研究表明，管理人员的自利行为增加了上市公司的会计舞弊风险，而外部监管机构的介入能够有效抑制公司的持续舞弊。秦江萍和段兴民（2005）指出，由于我国股票市场的 ST 制度，上市公司连续亏损两年后，为免于被 ST 处理，极有可能进行会计舞弊。此外，为达到公司 IPO 或再融资中股价在二级市场中的增长，公司股东也具有进行会计舞弊的动机（朱红军等，2008）。

在会计舞弊发生之前，以必要的手段采取防范性措施不仅能够修正因公司舞弊造成的信息披露偏误，降低外部投资者由于投资失误带来的损失，还有利于上市公司的长期利益，实现股东利益最大化；同时，能够优化资本市场环境，促进经济发展。因此，学者们对会计舞弊的防范和治理进行了持续而深入的研究。从公司内部视角，以往研究认为，合理的内部控制系统（Barker et al.，1976；Treadway，1987）及管理层约束机制（Elliott and Jacobson，1986）是预防公司会计舞弊的关键。通过对会计和审计人员的问卷调查，Johnnie（2008）认为，减轻企业会计舞弊首先需要从企业内部着手，即提高公司内部控制效率；Kasey（2010）指出，公司内部审计环境的改善有助于审计人员发现上市公司的财务舞弊行为。Jensen（1993）的研究发现，相比于较大规模的董事会，小规模董事会在信息传递和沟通中更具有优势，因而更容易形成较为一致的观点，从而能够有效抑制管理层的会计舞弊行为。而 Klein（1998）的研究表明，董事会中外部董事的比例与公司发生会计舞弊的概率呈反比，且随着外部董事持股比例的上升，其对公司会计舞弊行为的抑制作用更强（Beasley，1996；Persons，2006）。利用我国上市公司样本，通过对比会计舞弊公司与非舞弊公司，杨清香等（2009）的研究发现，董事会规模、稳定性以及董事会会议频度能在一定程度上抑制会计舞弊。从高管特征视角，卢馨等（2015）

针对我国上市公司高管成员特征与会计舞弊关系的研究表明，当高管平均年龄较小、男性化比例越高、平均学历越低以及任期越短时，上市公司发生会计舞弊的概率越大。Liao et al.（2019）的研究则表明，女性 CFO 对公司会计舞弊的抑制作用更强。

随着研究的深入，越来越多的学者开始关注外部因素对公司舞弊行为的治理作用。从制度环境角度，Jaggi（1975）的研究表明，良好的会计准则及实施环境是抑制公司财务舞弊的必要条件，在此基础上，基于我国环境，刘峰（2004）认为，较之准则本身，保证准则实施的制度环境对财务舞弊的影响更大。而 Wang et al.（2019）的研究则发现，相比于声誉治理机制，外部监管机构对上市公司或管理人员的直接处罚对会计舞弊的抑制作用更强。从监管角度，外部审计被认为是抑制上市公司财务舞弊的重要治理手段，一方面，外部审计能够降低股东与管理层之间的代理问题，进而使股东能更有效地对上市公司行为进行控制；另一方面更为重要的是，外部审计的介入能为股东提供上市公司生产经营真实情况，降低其与管理层之间的信息不对称程度。而代理问题与信息不对称正是公司会计舞弊产生的根本原因。Salterio（2008）的研究认为，为降低公司的舞弊行为，应在减少经理人员授权的基础上加强外部审计监督。Lennox and Pittman（2010）的研究也表明，聘用专业能力更强，信息获取及处理成本更低的"四大"会计师事务所能够有效降低公司的会计舞弊行为。与之类似，刘文军等（2010）的研究认为，审计师专业能力与独立性的提升，能够有效抑制上市公司的会计舞弊行为。此外，利用我国上市公司数据，Wang et al.（2019）发现，共同基金的引入减低了公司会计舞弊，且该积极作用在民营企业中更为显著。Young and Peng（2013）的研究也表明，分析师跟踪度与公司会计舞弊程度负相关。

三、企业集团会计舞弊的相关研究

相比于独立公司，企业集团拥有更为复杂的公司结构，使集团中的代理关系并非单一的股东与管理层，大股东与中小股东之间的联系；集团总部与成员公司，成员公司之间以及成员公司本身构成了多重代理关系。一方面，在传统的代理理论框架中，集团控股股东为自身利益可能对上市公司进行掏空，而为掩饰其机会主义行为，控股股东有动机进行会计舞弊以掩饰真实信息；Fan and Wong（2002）利用东南亚集团公司数据进行研究，发现高度集中的所有权以及"金字塔"式的股权结构使集团控股股东与外部投资者之间的利益不一致，而为了使自身利益最大化，控股股东有动机及能力对财务报表进行粉饰。另一方面，集团上市公司中，股东与管理层的目标差异及激励不完全相容使得上市公司管理层不会完全按照集团总部的最大利益进行决策。在此基础上，郝玉贵和刘李晓（2012）的研究也表明，关联交易以及内控制度的缺失同样为公司会计舞弊提供了途径。

企业集团中，成员公司间往往能够通过业务往来进行会计舞弊。在现有研究中，关联交易作为潜在的会计舞弊领域一直受到学者们的关注，利用印度上市公司的数据，Rasheed and Mallikarjunappa（2018）研究发现公司间的关联交易与其机会主义行为显著正相关，且由于关联交易的隐秘性特点，针对企业间关联交易的管制法规并没有缓解由此带来的公司价值损失。在此基础上，Hung et al.（2018）认为，关联交易复杂程度的增加，使公司间的信息透明度下降，这会给外部审计监督带来不便，进而增加公司风险。在我国，由于集团的历史形成原因，使集团中总部与成员公司、成员公司相互之间有着十分密切的同源联系，关联交易的数量及复杂程度远超独立企业，韦琳等（2011）的研究认为，在识别公司舞弊指标时，应当将关联方交易划分为引发公司会计舞弊的主要因素之一。

综上，第一，以往对于会计舞弊影响因素的研究多基于公司内部治理与外部监管视角，从改善企业内部控制、优化股东与管理层激励相容以及增加舞弊成本等角度探讨其对于公司会计舞弊的治理作用。然而，这类研究往往从独立公司中的代理问题及信息不对称角度出发，却少有研究涉及企业集团中成员公司会计舞弊的情形，而相比于独立公司，企业集团中总部与成员公司、成员公司之间存在的多重代理问题更加严重，其信息传递结构也更为复杂，基于缓解股东与管理层之间代理问题的治理因素在集团内部可能并不完全适用，因而有必要对企业集团这一重要的经济模式中的会计舞弊问题加以探讨。第二，外部审计作为上市公司有效的监督方，能在一定程度上缓解公司的会计舞弊行为；然而，现有研究只探讨了单一审计对于公司和管理层行为的治理作用，在企业集团中，成员公司之间存在着复杂的联系与大量的关联交易，通过考察单一公司状况很难从整体上掌握该上市公司所有的相关信息，而集团共同审计师能在弥补这一缺陷的同时，将各公司之间的信息加以整合，从而从整体层面识别公司的舞弊行为，因而研究共同审计对于公司舞弊的抑制效应，不仅能扩充审计作为外部监督发挥治理作用的研究范畴，还能为我国大力发展集团经济提出相应的监管建议。第三，以往关于公司会计舞弊内外部治理因素的研究大多探讨了内外部监督功能通过增加机会主义成本进而减少公司舞弊，而少有研究针对会计舞弊的另一大因素——"信息传递"进行探讨。在集团共同审计中，审计师除了履行其监督功能外，还能够将整合的上市公司信息传递给集团总部，有助于总部针对成员公司的真实经营状况做出决策，因而在集团公司中，共同审计师对于公司舞弊治理效应的必要研究拓展了公司会计舞弊治理的影响因素，并为共同审计及集团公司治理的研究提供了新的思路。

第三节 公司薪酬业绩敏感性的相关研究

一、公司薪酬业绩敏感性影响因素的研究

公司的薪酬业绩敏感性是反应公司内部代理问题及信息不对称程度的重要指标，管理层的薪酬与公司业绩的相关程度越高，代表股东与管理层之间的代理问题越小、公司内部激励越有效。作为上市公司代理成本的重要反应指标，企业薪酬业绩敏感性受到了广泛地关注。

在动因方面，现有对于薪酬业绩敏感性的影响因素的研究主要基于上述公司的代理问题视角，当上市公司中股东与管理层的代理成本上升时，管理层基于自身利益会通过机会主义行为扭曲信息并为自身带来更高的薪酬，同时，这类机会主义行为与公司的业绩增长并无正向关系，因而会降低其薪酬与业绩的相关关系。且随着代理问题的增加，上市公司股东的监督成本也随之增加，对管理层机会主义的抑制效果降低，进而加剧了公司薪酬业绩敏感性的下降。

第一，从上市公司控股股东视角，刘慧龙（2017）发现，较长的控制链会增加信息扭曲和关联交易带给公司的风险，降低契约有效性，对薪酬业绩敏感性产生负面影响；孙光国和孙瑞琦（2018）利用股权分置改革这一准自然实验对高管薪酬契约进行研究，发现为加强对经理层的监督和激励，控股股东会通过委派执行董事参与公司管理，这样的治理方式能够发挥一定作用，降低公司的盈余管理水平，增强公司的薪酬业绩敏感性；但大股东的不当行为也同样会影响高管的薪酬契约。苏冬蔚和熊家财（2013）的研究发现，大股东掏空会导致 CEO 薪酬与公司业绩间的敏感性下降，引发更高的在职消费，破坏公司治理、增加代理成本。

第二，另一利益相关者——债权人的干预也会对薪酬业绩敏感性产生影响。已有的研究证明，企业的负债比率越高，出于对保护债权人利益的事前承诺，公司管理人员薪酬与业绩之间的敏感性越低（Brander et al.，1992；John et al.，1993）；熊剑和王金（2016）认为，上市公司债权人会对公司的治理决策产生影响，企业在制定管理人员薪酬契约时会考虑债权人利益，公司债务成本的增加会降低薪酬业绩敏感性，且这一效应在国有企业中更为明显；陈骏与徐玉德（2012）则发现，在信贷强约束的情况下，公司更关注债权人利益，降低薪酬业绩敏感性，削弱管理层风险转移动机，而在信贷软约束情况下，债权的这种治理功能受到限制。

第三，外部环境的变化也会导致薪酬业绩敏感性的波动。罗进辉（2018）发现，媒体作为一种公众监督力量，其水平与高管的薪酬业绩敏感性之间存在着显著的正相关关系，而这一效应主要体现在国有企业和制度环境水平更高的企业当中；李培功和沈艺峰（2013）的研究也表明媒体的可靠性报道和轰动报道能够起到公司治理作用；而与之相反的是，高社会知名度的明星独董，其社会声誉效应反而降低了薪酬业绩敏感性，且这种现象在民营企业中尤为明显（罗进辉，2014）。Edmans et al.（2017）提到，外部制度环境会影响公司治理，影响企业薪酬业绩敏感性；徐新鹏等（2019）指出，新会计准则的实施，由于要求提供更多信息，降低了公司的薪酬业绩敏感性，并且该负面效应与准则的执行环境、企业的产权性质和高管权利有极大的关联。马惠娴和佟爱琴（2019）以融资融券制度作为准自然实验对卖空机制的治理效应进行了研究，发现卖空机制能够缓解薪酬黏性，显著提高高管薪酬业绩敏感性，特别的，当业绩下滑时，这种积极作用加强，其作用机理主要是通过股东监督及薪酬股价敏感性发挥卖空机制的治理效应。

第四，从产权性质视角，Kato and Long（2006）认为，由于国有企业高管存在政治晋升等替代性激励，其薪酬业绩敏感性与民营企业相比较低；在此基础上，姜付秀等（2014）则认为，由于国有企业经理人身份的特殊性，使其受到更强的社会监督，拥有更弱的掏空动机，因此薪酬业绩敏感性高于非国有企业。而潘红波和张哲（2019）发现，董事长或 CEO 在非上市控股股东单位兼任会导致上市公司承担更多的员工管理目标，降低国有企业薪酬业绩敏感性。蔡贵龙等（2018）的研究发现非国有股东向国有企业委派高管能够提高国企高管的薪酬业绩敏感性，这一提升作用在竞争性国有企业和处于较低市场化程度地区的国有企业中更加显著；在此基础上，王新等（2015）进一步分析了企业承担的社会责任是国有企业薪酬业绩敏感性较低的重要原因；张敏等（2013）同样发现了政府干预所导致的冗员负担，使高管存在更多的在职消费，弱化了薪酬与业绩间的关联性。

第五，企业内部结构与信息也会在薪酬业绩敏感性当中体现出来。Ozkan et al.（2012）发现，公司的会计信息质量会影响薪酬业绩间的关联性；蒋涛等（2014）认为，会计业绩信息异质性会影响高管薪酬制定，异质性越高，高管薪酬业绩敏感性越低；唐雪松等（2019）也发现会计信息可比性与公司高管薪酬业绩敏感度之间存在显著正相关关系，当信息复杂程度较高、内部控制质量较差、外部监督较弱时，正相关关系更为显著；罗正英等（2016）则提出，企业内部控制质量对高管的薪酬契约有着重要影响，企业内部控制质量越好，薪酬业绩敏感性越强；卢锐（2014）考察了周期长、不确定性大、存在严重代理问题的创新投资，发现薪酬业绩敏感性能够在一定程度上约束创新投资的后续进行。

二、企业集团薪酬业绩敏感性的相关研究

以往有关薪酬业绩敏感性的研究主要基于独立公司的情景，研究高管人员薪酬与该企业业绩的匹配程度。而基于集团视角，由于成员公司高管的薪酬一般受到集团总部的影响，因而在讨论集团公司薪酬业绩敏感性时较独立公司更为复杂。在企业集团中，上市公司管理层的薪酬大多由集团总部决定，因而外部因素能够通过影响集团总部对成员公司的信息获取效率优化其薪酬分配，具体表现为集团总部基于成员公司的真实业绩而分配给成员公司管理层相匹配的薪酬，在这类情境下，上市公司管理层的薪酬不仅取决于自身的业绩指标，还取决于集团总部是否能够真实准确地获取成员上市公司的实际业绩信息。此外，由于企业集团中各公司之间存在着密切的关联关系，其中有着复杂的利益和资源转移行为，进一步加剧了集团总部对于成员公司真实业绩的识别。基于信息不对称视角，潘红波和余明桂（2014）认为，由于集团内各成员公司间的关联交易并非是根据产品相关信息以市场公允价格进行的，进而模糊了公司业绩的真实情形，最终降低了成员公司的薪酬业绩敏感性；进一步研究发现，当企业集团中由家族成员担任董事长或 CEO 时，由于信息传递成本的降低，能够在一定程度上缓解集团成员公司薪酬业绩敏感性的下降。刘慧龙（2017）的研究也发现，随着控制链条的增加，企业集团中成员公司的薪酬业绩敏感性呈下降趋势，并认为造成这一后果的主要原因在于控制链增加带来的信息扭曲以及成员公司间的关联交易。与之类似，Shantanu and Swarnodeep（2018）发现，相比于独立公司，由家族成员担任 CEO 时，企业集团内部成员公司的薪酬业绩敏感性反而更高。此外，Wang and Ye（2014）则认为，由于集团内部成员公司间存在着交叉补贴，降低了企业业绩对其经营状况的真实反应，增加了业绩衡量的噪音，因此在这类企业中，管理人员的薪酬对公司业绩的敏感程度较低。而 Cohen and Lauterbach（2008）的研究则表明，相比于独立公司，企业集团成员公司的薪酬业绩敏感性更低，说明成员公司管理人员为实现自身利益，在获取超额薪酬的同时并未对企业做出效率贡献。

综上，基于独立公司视角，现有研究从控制权特征、内部结构、外部监督、产权性质以及信息质量等方面讨论了企业薪酬业绩敏感性的影响因素，从代理问题的视角为单个上市公司管理层薪酬业绩敏感性的变化提供了较为完备的解释。然而，从集团视角，成员上市公司管理层的薪酬与其业绩相关性的直接影响因素是集团总部对成员上市公司的信息获取程度。

从集团视角，虽然现有文献讨论了企业集团特征对于成员公司薪酬业绩敏感性影响。但这些文献对以下两方面涉猎较少，第一，现有关于企业集团成员公司薪酬业绩敏感性的研究基础主要讨论成员公司本身业绩与管理层薪酬的关系，而在企业集团内，成员公司之间都有着密切的关联关系，加之成员公司高管薪酬部分取决于总部的决定，因而其薪酬很大程度上与关联公司或集团整体业绩具有一定的联系，对此种情形下集团总部不仅需要了解单一成员上市公司的生产经营情况，还需要了解关联公司的生产信息；然而少有文献从集团整体层面讨论其薪酬业绩敏感性的影响因素。第二，以往关于提升薪酬业绩敏感性进而优化公司体系的研究都停留在独立公司层面，而在企业集团内，由于企业之间存在的相互关联以及薪酬决策权的上移，单独成员公司的内部控制结构、外部监管等可能对其薪酬与业绩匹配的改善程度不大；为解决这一重要问题，需要从集团整体层面上对企业薪酬的影响因素进行扩充。集团共同审计是将成员公司整体层面信息反映给集团总部及关联公司的重要手段，研究其对于成员公司高管薪酬与业绩的相关性，不仅是对现有研究的补充，还从外部监督视角为企业集团内部代理问题的改善提供了思路。

第四节　公司避税的相关研究

一、公司避税经济后果的研究

古典经济学理论认为，企业避税能够增加股东财富及企业现金流，进而促进企业价值的增长（Downs et al., 1987; Givoly and Hayn, 1991），刘行和李小荣（2012）的研究证实了上述观点，他们发现地方国有企业税负的降低能够显著提升企业价值；王跃堂等（2009）发现，市场能够识别出企业税率对公司价值的影响，并给予实际税率较低的企业正面反应。但随着研究的深入，基于避税理论的代理观点，大部分研究发现，企业在进行税收筹划时进行的复杂、隐蔽手段会引发管理层的机会主义行为，进而加剧管理层与股东之间的信息不对称程度及代理问题，最终造成企业价值的减损（Chen and Chu, 2005; Desai and Dharmapala, 2006; Desai et al., 2007; 吕伟等，2011；王静等，2014）。在此基础上，Frank et al.（2009）认为财务报告准则与税收法则间的不相符使企业具有调整一定会计期间内的收入来减少应纳税所得的动机，且这种为了避税所进行的调整会提高整体财务报告的激进程度。Kim et al.（2011）的研究发现税收规避会促进公司各类机会主义行为的累积，当累积量超过临界值时，就会引发股价崩盘，而加强外部监管则会减弱两者间的相关关系。与之类似，江轩宇（2013）的研究表明，在信息不对称的情况下，由于上市公司监管的缺失，会促使经理人采用复杂的手段进行激进的避税行为，从而加大上市公司股价崩盘风险；而有效的公司治理将缓解这一情况。刘行和叶康涛（2013）则认为公司的避税活动会增加内外部的信息不对称程度、加剧代理问题，从而对投资效率造成不利影响，具体表现为避税行为会引发企业的过度投资，此外，他们的研究也认为，完善的公司治理能够抑制这类情况。张玲和朱婷婷（2015）发现企业避税活动对公司的投资效率具有显著的负面影响。而胡晓等（2017）则发现，上市公司的避税行为，一方面能够缓解企业的融资约束，进而减少投资不足；另一方面，避税所带来的代理问题会加剧企业的过度投资。从债权人视角，学者们发现在经营权与所有权相分离的现代公司制度下，避税会降低信息透明度，容易引发管理层机会主义行为，而商业银行基于上述原因，会提高贷款成本，缩短贷款期限（Hason et al., 2014；后青松等，2016）。姚立杰等（2018）分别考察了企业所得税避税程度和总体避税程度的变化对债务融资能力的影响，发现企业避税行为会增加企业风险，进而降低债权人提供资金的意愿，当企业避税程度越大，债务融资能力下降越多，债务成本上升越多。

尽管如此，也有学者认为，企业的避税行为不一定都带来负面效果。随着企业避税行为的增加，一方面，由税收筹划而获取的现金流有助于公司的生产及发展；另一方面，企业避税所带来的机会主义行为将加剧管理层与股东间的代理问题。因而，税收筹划对于上市公司的影响是上述两类经济后果的混合产物。基于上述观点，Goh et al.（2016）分别对税收的暂时性差异、永久性差异以及长期的现金有效税率进行了考察，发现不激进的避税行为可以降低权益资本成本，并且在外部监管环境较好、节税带来的边际收益更高以及信息质量更好的情况下更为有效，说明温和的税收筹划能够增加股东价值。Donohoe and Robert（2014）也发现，激进的税收规避行为会提高外部审计费用，但同时由审计师提供的税收服务则可以通过知识外溢来减少这种审计溢价。我国学者刘行和吕长江（2018）认为，企业的避税行为是具有一定战略效应的，企业避税程度有助于提高其未来的行业市场份额，并且这种效应在受到严重融资约束的企业中更为显著。江轩宇等（2019）的研究发现，企业税赋会影响创新发展战略的实现，具体表现为工薪所得税筹划程度与企业创新呈正相关关系，进一步研究发现，工薪税赋通过改变企业的薪酬激励效果，进而影响了企业的创新意愿。程小可等（2016）也指出，当企业处于宽松货币政策环境中时，其税收规避更多地表现为代理问题的增加；而当货币政策紧缩时，合理的避税反而是缓解企业融资约束的有效途径，对企业业绩具有正面影响。

二、公司避税影响因素的研究

有关上市公司税收筹划影响因素的研究大多基于缓解股东与经理层之间代理问题角度；考察不同情形下，代理问题及信息不对称降低所带来的上市公司避税激进程度削弱。

基于公司内部视角，Desai and Dharmapala（2006）分析了公司避税与经理人激励增长之间的联系，发现经理人薪酬的增加能降低公司的避税程度。与之类似，陈冬和唐建新（2012）的研究也认为，高管薪酬与上市公司避税程度负相关，且这一关系在公司内部治理更差时更加显著。此外，王茂林和黄京菁（2018）的研究发现，企业内部控制质量与所选择的税收策略间呈非线性关系，高质量的内部控制有助于优化企业的税收策略，在税收激进程度不同时呈出不同的结果，企业税收激进程度不高时，较高的内部控制质量会促使企业避税，增加收益，而企业税收激进程度过高的情况下，较高的内部控制质量则会抑制过度避税，降低风险。袁蓉丽等（2019）的研究发现，企业的避税行为和战略规划同样反映了其对风险的态度，上市公司所采用的战略偏离行业标准的差异度越大，越积极承担风险，其避税行为越激进，并且所处地区管制程度、税收征管强度同样会影响企业避税激进度。

从外部监督视角，有效的税收征管能够显著抑制上市公司的激进避税行为（Guedhami and Pittman，2008；曾亚敏和张俊生，2009）；在此基础上，蔡宏标和饶品贵（2015）发现，机构投资者能作为税收征管的补充,抑制企业避税等机会主义行为,从而提升公司价值。李昊洋等(2018)的研究则认为,机构投资者调研能够通过提升公司信息披露水平来抑制公司避税行为,并且机构投资者的这种治理作用主要作用于无绝对控股股东的公司中,进一步将机构投资者调研区分为买方机构调研和卖方机构调研后,发现卖方机构调研对避税行为的抑制作用更强烈。Allen et al.(2016)、Chen and Lin(2017)发现了分析师覆盖率能够通过提高公司的信息透明度限制公司的税收筹划激进度。刘笑霞和李明辉(2018)考察了媒体负面报道和分析师跟踪两者结合对公司避税行为的影响,发现两者都可以通过提高信息透明度降低公司的税收激进程度,并且媒体负面报道和分析师跟踪呈互补关系,两者结合更能够发挥作用。与上述结论相反,叶康涛和刘行(2011)的研究则认为,税收征管的实施力度越强,企业进行盈余管理的成本越高,因而相应的所得税虚增份额也越少。杨理强等(2018)则发现,企业披露社会责任报告的行为与其税收规避是存在相关关系的,披露社会责任报告企业的避税程度会低于未披露企业,且上述现象在国有企业中更为显著,然而对于自愿披露的企业,则没有这一现象。

从政府与企业互动的角度切入,邓博夫等(2019)发现当企业减少避税行为后,能够在下一期获得更多的政府补助,说明了征税和避税并非单向不相关的,而是政府与企业互惠互利,谋求持续发展的行为。付朝干和李增福(2018)考虑了政府干预对企业避税行为的影响,发现企业存在为避税而寻租的情形,执法者的腐败会降低企业避税的成本,导致企业避税程度提高,而对于腐败的治理则能够抑制这种状况。陈德球等(2016)认为,企业的税收规避行为同样还受到当地政策不确定性的影响,当政策不确定性越高时,企业的税收规避行为越强,且这种现象是由于政策频繁变化导致的预期融资约束及未来现金流需求增加造成的;进一步研究发现,加强税收征管力度能缓和此类避税激进程度。然而,与结论相反，Mills et al.（2013）则发现，政策变更会增加企业面临的潜在政治风险及违规惩罚，因而相比于政治敏感度较低的公司，政治敏感性较高的公司其税收规避行为会显著减少。与之类似，An et al.（2016）发现，官员变更带来的不同监管环境使上市公司税收规避行为所遭致的预期处罚不确定性增加，基于风险考虑，企业会减少其避税行为。

除上述基于代理角度的研究外，也有部分学者认为公司避税是基于交易环境变化而做出的反应，其目的是为了降低上市公司的交易成本。白思达（2019）对跨国公司、对外投资机构与避税的相关性进行了研究，发现相较于发达国家，中国跨国公司的避税行为更为严重，其中，国外关联公司和对低税率地区投资是两种常用的避税机制，而较早地签订国家间的税收协定能够在降低交易环境信息不对称的同时有效约束企业的避税行为。基于产权性质视角，郑红霞和韩梅芳（2008）发现，相比于民营企业，国有企业倾向更为保守的税收筹划策略。而李维安与徐业坤（2013）的研究表明，拥有政治身份的企业会实施更多的税收规避行为。从企业融资角度，Edwards et al.（2013）认为，合理的避税是缓解企业外部融资约束的有效手段。相似的，王亮亮（2016）的研究也发现，金融危机造成的企业外部融资环境恶化会促使企业避税行为增加，以获取足够的现金流；且相比于融资不受约束的企业，存在融资约束企业的避税程度显著更高（张铭洪等，2018）。此外，陈作华和方红星（2018）的研究也表明，融资约束与企业的避税激进程度显著正相关，而良好的公司内部控制可以缓和这一正向关系。

三、企业集团避税效应的研究

相比于独立上市公司，企业集团的持股结构以及各上市公司间的关联关系为其进行税收筹划提供了便利。一方面，企业集团内错综复杂的持股结构加剧了集团总部与成员公司间的信息不对称以及代理成本，可能增加成员公司管理层的机会主义行为，并由此带来激进的避税行为；另一方面，各成员公司间存在着密切的关联关系，其能够通过利润共享实现集团整体纳税额度降低，并且集团中各成员公司间的信息及资源分享也有利于企业集团制定出更优的税收筹划策略。刘行和李小荣（2012）的研究发现，"金字塔"股权结构能显著增加地方国有企业的税收筹划，降低其税收负担，并最终提升企业的市场价值。魏志华等（2017）则认为，关联交易具有避税、构建内部资本市场以缓解融资约束以及获取大股东"支持"的作用，因此，从节税和降低交易成本的角度，关联交易可以提升公司价值。陈冬和董新颖（2019）通过对集团的分析发现，在集团内部可以形成存在地区税率差异的内部市场，将收入和利润向处于低税率地区的子公司和分支机构转移，起到降低集团整体实际税率的作用。白思达和储敏伟（2017）的研究也发现，我国对外投资企业在进行出口贸易时存在通过转让定价避税的行为，出口国税率差越大，转让价格与公平交易价格的偏离度也越大，而针对转让定价所设计的旨在反避税的税收协定并未起到抑制作用。与之类似，基于企业集群效应，王永培和晏维龙（2015）发现制造业企业的地理集聚能够形成协同和溢出效应，提高了整体的避税程度，同时企业规模与避税意愿呈负相关关系，小规模企业的避税意愿更为强烈；聚集于发达地区的企业避税活动更为频繁。而 Chen et al.（2010）的研究则表明，家族企业在避税行为产生的税收优惠和所引起的代理成本间进行了权衡后，更倾向于选择放弃节税以减少由此带来的潜在非税成本。

首先，以往有关上市公司税收筹划的研究多基于股东与管理层间的代理问题及信息不对称，并认为公司避税是基于管理层机会主义而产生的自利行为；此外，对于避税行为影响因素的研究也大多支持了税收筹划的代理观点，从上市公司所处环境、内外部监督、政策影响等方面探讨其对企业避税的抑制作用。然而，很少有研究从信息及资源优化的视角，讨论其对于企业避税的正面作用。其次，现有关于上市公司税收筹划的研究多集中于讨论其经济后果及其影响因素，然而很少有研究涉及到企业避税的途径及传导机制。最后，大部分研究发现，避税能够通过影响薪酬激励匹配度、促进管理层寻租等方式加剧企业管理层与所有者之间的信息不对称及代理问题（Biddle et al., 2009; Chen et al., 2010; 刘行和叶康涛，2013），但关于如何促进公司合理避税及其影响因素的讨论却少有涉及。相比于独立公司，在企业集团内部成员公司间有着较强的关联关系，其可以通过利润转移及信息共享等方式减少实际税率，但集团公司内的"金字塔"股权结构及交叉持股等方式会来带更为严重的代理问题，进而诱发管理层的激进避税行为。那么，是否存在一种机制能够在降低代理成本的基础上，为企业带来合理的税收筹划建议，本书试图从集团共同审计师的咨询视角，为这一重要问题的回答提供参考，并丰富有关企业合理避税途径及促进因素的研究。

第五节 共同审计的相关研究

一、共同审计监督效应的研究

共同审计师及其外溢效应是财务与审计的新兴研究领域之一。外溢效应，是指拥有多家客户公司的审计师由于可以从各关联客户中获取信息，并进一步对信息进行加工整合，加之共同审计师可以充当关联客户间信息传递的桥梁，从而使拥有共同审计师的客户公司在审计质量（Johnstone et al., 2014）、并购绩效（Dhaliwal et al., 2016; Ye et al., 2015; Chircop et al., 2017）、与主要客户和供应商的交易效率（Dhaliwal et al., 2016）以及税收规避（曾姝和李青原，2016）中占有优势。

现有研究认为，同时审计多家相互关联公司的审计师可以从多方获取上市公司以及关联集团的整体信息，并由于关联公司间的业务相似性，进而使审计师对被审公司更加了解，从而有利于审计质量的提升与关联企业间的资源整合。Johnstone et al.（2014）的研究支持了上述观点，他们通过考察客户与供应商是否聘请相同的审计师作为共同审计师的衡量标准，发现共同审计师能够降低供应商企业的可操控应计项、财务重述以及盈余管理从而提升审计质量，并且由于共同审计师拥有多方面信息来源而降低了审计成本，最后，研究发现共同审计师处于同一城市地域时该效应更显著。Dhaliwal et al.（2016）也采用客户和供应商共享审计师的数据，研究发现，拥有共同会计师事务所的客户与供应商，其专有投资效率提升，并且当信息不对称程度上升时，专有投资较为重要的一方会倾向聘用与其客户或供应商一致的会计师事务所，并在聘用后能显著降低信息不对称。可以看出，审计师通过从与被审公司主要的客户或供应商处获取额外的"知识"，进而在降低审计成本的同时对被审公司的业务往来有了进一步了解，最终提升审计质量（杨清香等，2015）。

但也有研究表示，共同审计师可能受制于多家公司的联合操控；具有相互关联的上市公司能通过提供更多业务的方式收买审计师，基于事务所之间的竞争压力，共同审计师可能会屈从于其客户群体出具较低质量的审计报告。利用中国企业集团的数据，王春飞等（2010）通过实证研究发现，拥有共同会计师事务所的企业集团可操纵应计项显著增加，且在区分事务所规模后，发现该审计质量下降现象主要体现在小所的统一审计上。进一步研究发现，集团公司可以利用提供统一审计的手段收买会计师事务所，降低其审计质量。与王春飞等（2010）的研究结论一致，伍利娜等（2012）检验了企业集团共同审计中审计费用的变化，研究发现，集团共同审计显著增加了审计费用，进一步区分样本后发现，集团内的共同事务所为大所时，审计费用显著降低，共同事务所为小所时，审计费用显著增加。除了利用共同审计业务收买审计师之外，企业集团还可能通过主动选择符合自身利益的事务所来达到审计意见收买的目的（伍利娜等，2012；伍利娜等，2013），且当企业集团审计费用占比越高时，企业集团对共同审计师的操纵程度越大（陆正飞等，2012），最终导致审计质量的降低。

二、共同审计咨询效应的研究

除了发挥应有的监督职能，共同审计师还发挥着咨询作用。相对于单独审计，共同审计师的"知识外溢"效应能使其在获取更多公司相关信息的同时增加自身的咨询效率。Ye et al.（2015）以企业并购为切入点，发现当上市公司进行并购时，若收购方与被收购方的审计师相同时，收购方能够通过共同审计师获取标的公司更多信息，并进一步进行加工整合，降低收购不确定性，增加并购收益以及并购效率，进一步研究发现，这种积极效应在信息不对称程度高的并购以及共同审计师与并购双方来自同一地区时更明显。Dhaliwal et al.（2016）和 Chircop et al.（2017）的研究与 Ye et al.（2015）一致，他们发现拥有共同审计师事务所的并购双方，并购公告的市场反应更正面，且该效应在使用不同会计法律制度国家间的跨国并购中更显著。而从审计师个人层面上，曾姝和李青原（2016）从税收激进程度的视角发现，与税收激进公司共享审计师的客户也会体现出税收激进行为，进一步验证了共同审计师由于"外溢效应"而发挥的咨询功效。

而基于企业集团的情景中，有研究发现，集团总部与子公司的会计师事务所属于同一全球审计公司网络时，网络内部的信息共享及传递功能能够提高集团及子公司的投资效率，并降低子公司的决策损失（Labro et al., 2019）。但也有研究指出，属于同一全球审计公司网络的会计师事务所并非完全共享信息及知识,其也存在信息不对称及代理问题(Downey and Bedard,2018)。加之,不同企业分部所在国家的监管环境不一,以及跨国情况下总部审计师对同一网络成员可能产生过度依赖,会加剧双方的代理问题,进而可能降低拥有同一网络审计师的上市公司或分部的审计质量(Carson et al.,2016)。

综上,现有关共同审计的研究大多集中于其对相互关联分部的交易效率及审计质量的影响,但少有研究涉及共同审计师的信息"外溢效应"对相互关联公司间治理因素的影响。此外,在以往研究中,共同审计师的"外溢效应"多基于独立公司的情景,而企业集团内上市公司的关联更加密切,信息相关程度也更高,共同审计师在了解集团整体信息的基础上,其"外溢效应"是否能得到更好的发挥尚未得到论证。本书通过讨论共同审计师对企业集团公司治理方面影响,拓展了共同审计师"外溢效应"的影响边界,丰富了共同审计师的研究内容。同时,尽管 Labro et al.(2019)发现母子公司共享全球事务所网络对投资效率的影响,但该研究只是基于集团与子公司共享审计师的情景,验证了共同审计师的"信息传递"功能。与之不同的是,本书的研究基于子公司之间共享审计师的情形,检验了共同审计师的"信息整合"和"信息处理"能力,并将共同审计师的研究细化至会计师事务所层面,且在稳健性测试中使用了个人层面的共同审计师数据,拓宽了共同审计师集团治理效果的研究文献。

第四章
集团共同审计的影响因素

第一节 理论分析与研究假设

一、集团共同审计的影响因素——降低代理问题层面

已有研究表明,阻碍企业集团发挥其比较优势的主要原因来自于总部与各成员公司间的双重代理问题。在企业集团的运作中,集团总部为达到自身利益最大化,向成员公司发布生产经营指令,并根据各成员公司的具体情况制定经营策略。相比于单一上市公司,企业集团的多层级机构使其内部的代理问题更为复杂和严重。一方面,集团总部能够以"金字塔"控股结构以及交叉持股等方式对下属上市公司进行控制,并随着控股层级的增加,集团实际控制人所需要的投资越小(Almeida and Wolfenzon, 2006;李增泉等, 2008),而由此引起的控制权与现金流权的分离,会使通过投资及治理等手段促进的上市公司业绩增长传递到实际控制人的部分要远小于其通过控制权对上市公司进行利益侵占的收益(La Porta et al., 1999;吕长江和肖成民, 2006;刘启亮等, 2008;Villalonga and Amit, 2009)。在此基础上,邵帅和吕长江(2015)发现,相比于其他持股方式,集团公司实际控制人对上市公司直接持股能够显著提升公司的价值,其原因是实际控制人直接持股能够降低其变更的不确定性和信息获取成本并加强了个人与上市公司间的风险一

致性。另一方面，在企业集团中，上市公司与集团整体的发展目标并不完全一致，其也有动机以牺牲集团利益为代价提升自身价值。如在信息不对称的情况中，上市公司为获取更多内部资本市场资金，会通过寻租而非提升发展潜力的方式向集团披露有偏信息；此外，集团内公司间的关联交易也会加剧上市公司与实际控制人的信息不对称程度，并且随着控制层级的增加，公司间错综复杂的交易内容越难被实际控制人所掌控。

相比于单独审计，当集团内多家上市公司聘用同一会计师事务所时，能够从集团整体层面更好地掌握上市公司信息。如单一审计师难以对集团内上市公司间的关联交易进行较为全面的跟踪，其对集团上市公司信息的解读可能存在不足。而同时审计多家关联公司的事务所或审计师一方面能从其他关联公司中获取被审计单位的相关信息，并能够从全局层面把握上市公司财务状况及信息质量的基础上，进一步优化其信息处理能力，进而向集团实际控制人反映上市公司更真实的情况（Johnstone et al.，2014）；另一方面，共同审计师能够在多家集团上市公司中订立统一的标准，使得集团内部的信息更具有可比性（PricewaterhouseCoopers，2017；Grant Thornton，2018），有利于集团实际控制人对不同成员上市公司的判断。

随着集团实际控制人控股比例的提升，由于信息传递障碍以及上市公司机会主义行为所造成的实际控制人经济利润损失幅度越大，此时，为降低集团总部与上市公司间的代理问题，并加强实际控制人对上市公司行为的控制，集团更倾向使用共同审计师对其成员上市公司进行审计，在保证信息质量的同时，提高监管效率。此外，当上市公司两权分离度越高时，集团总部对上市公司的控制权较大，而所有权比例较低时，由于集团对上市公司的直接控制能力较强，上市公司进行机会主义行为的成本较高，且由于上市公司寻租所造成的损失按持股比例转移到集团总部的份额较低，加之在这种情形下，企业集团总部更倾向对上市公司进行"掏空"，而非监督,因此在这种情形下,企业集团对于上市公司信息披露质量的要求并不高,因而对共同审计治理作用的需求可能较小。

据此,本书提出假设 H4-1:

假设 H4-1:集团上市公司的控制权越低,所有权越高时,其聘用共同审计师的可能性越大。

第一,基于代理问题的产权视角,企业集团的产生、发展及推广都带有较浓的政府气息,国有集团的发展与非国有集团的形成有着较大的差异。首先,相比于非国有企业,国有集团的最初形成很大程度上是由各地方政府根据生产及发展需求,对不同行业内的公司进行跨地区、跨部门、跨隶属关系的整合而产生的。在这一过程中,企业集团组成的基本原因是依照当时的产业发展需求或经济发展目标;而相比于国有集团,非国有集团的出现时间较晚,其一方面受到早期集团组建的政策因素影响较少;另一方面,相比于国有集团,非国有集团的形成会更多地考虑经济因素,即企业间合作的外溢效应及整合优势,只有当企业能够为集团带来超额收益时才可能被吸纳进集团。此时,相比于非国有集团,国有集团中各上市公司的整合效应可能偏低,集团总部对各上市公司间的产生经营模式、发展方向、市场状况的了解程度可能不足,因而对于集团内部信息整合以及加强整体效应的需求更高。

第二,在我国,大多国有企业的高管都采取"选派"制度,使其管理层并非源生于企业内部,最终可能造成管理人员对企业的生产经营情况不了解,加之国有企业管理人员可能承担的非经济任务,都有可能使国有企业产生管理层与上市公司不匹配的现象,降低了其对公司的治理效应。此外,国有上市公司第一大股东往往为"国有资产"这一非实体,存在着所有者缺位的问题;尽管在我国国有企业发展的过程中,已逐步将管理和经营权下放至各部门管理人员,并鼓励民营企业持股,但作为代理人的政府官员仍旧具有最终的决策权(陈信元和黄俊,2007),其监督职能的发挥受到限制。因而，相比于非国有企业，国有企业的管理层在信息获取和治理方面都处于劣势地位，其对于上市公司全面信息获取的需求更高，对信息整合的依赖程度也越大。

第三，相比于非国有上市公司，国有上市公司的内部控制相对不足。究其原因，是由于国有上市公司管理层不仅要考虑企业发展因素，更多地会考虑其政治目标（如当地就业、自身晋升等），因而花费在公司治理上的时间和精力相对较少，因而可能加剧了上下级企业中的代理成本。方红星等（2013）的研究发现，相比于非国有上市公司，国有上市公司的信息披露质量更差，且更容易诱发道德风险。刘启亮等（2012）也表明，相比于非政府控制的上市公司，由地方政府控制的上市公司，其内部控制质量更差，而市场化程度的提升以及政府对经济干预程度降低能够缓解这一差距。

总体而言，内部控制的相对缺乏会增加公司的信息传递成本并阻碍公司的业绩增长；而共同审计师的信息传递及整合功能可以较好地弥补上述原因所造成的缺陷，因而相比于非国有上市公司，国有上市公司对共同审计的需求更大。据此本书提出假设 H4-2：

假设 H4-2：相比于非国有集团上市公司，国有集团上市公司拥有共同审计师的可能性更大。

二、集团共同审计的影响因素——增加信息可比性层面

企业集团中，成员公司独立的法人结构是造成集团内部治理效率低下、信息传递受阻的根本原因。作为独立经营的主体，集团上市公司的经营目标与总部的计划并不完全一致，出于自利动机，上市公司可能会对集团总部隐瞒部分生产经营信息，并利用与关联公司之间的交易及资金流通增加其与总部间的信息不对称程度。最终使集团无法全面获知成员公司的生产经营及资金需求状况。此外，随着企业集团内上市公司数量的增加，其内部的关系网络越复杂，控制链条的层级也相应越高，而各成员上市公司之间基于行业、生

产经营模式、管理模式及信息披露侧重点的不同,导致各公司信息披露的口径及内容并不完全一致,集团总部难以将各层级公司间不同属性的信息进行搜集整合,并进一步对标企业集团整体决策有用性信息。一方面,成员上市公司之间的交易信息难以有效传递给集团总部;且随着公司数量的增加,集团总部分配给每个上市公司的监督时间减少,对上市公司的监管力度也随之下降,此时企业集团对于成员公司"寻租"行为的识别有限,不利于集团整体的协调发展以及内部资本市场中的资金分配,最终造成集团整体效率降低。另一方面,信息可比性的降低可能加剧集团总部的信息处理成本,甚至导致信息的理解偏误;随着集团上市公司数量的增加,信息的异质性程度逐渐上升,当其异质性程度超过集团总部的处理能力时,会导致总部对成员上市公司的理解偏差,不利于集团对上市公司的控制。

  共同审计师能够从客户公司的关联公司中获取其交易相关信息,并通过审计师专业信息处理能力,将多家公司间相互关联的信息加以整合统一,最终以统一标准提供给集团总部,降低了集团从多家不同上市公司分别搜集并处理信息的成本。此外,在监督层面,共同审计师能在关联公司的审计中,对客户公司的相同及相似业务知识进行学习,并将一家上市公司中的审计方法、审计重点以及获取的业务信息用在另一家与之相似或相关联的公司中进而降低审计成本,提升审计效率,进一步增加了审计的有效性以及信息可比性。而在咨询层面,共同审计师不仅能够将相互关联公司之间的信息加以整合,从整体层面为集团总部传递具有可比性的信息,其本身也能利用企业集团整体层面信息帮助集团总部制定部分决策。且随着上市公司数量的增加,共同审计师所提供的方案适用范围越广,其"外溢效应"的发挥越为明显,对相互关联公司间的正面作用也就越大。因此,相比于上市公司数量较少的集团,共同审计师在上市公司数量较多的集团中能够弥补总部对于上市公司监督及信息处理能力的不足。如同时审计存在关联交易的多家上市公司能把握各公司的真实情况，并将这些信息直接反映给集团总部，而非通过各层级间复杂的传递通道，在增加监督效率的同时，降低了监督成本。因而，集团上市公司数量越多，总部与各成员公司间信息不对称程度越大时，其对共同审计师的需求越强。据此，本书提出假设 H4－3：

假设 H4－3：企业集团中，成员上市公司数量越多时，其选择集团共同审计的可能性越大。

此外，除上述企业集团自身原因产生的信息异质性问题外，审计师本身的能力也决定了企业集团是否聘用共同审计师。在企业集团中，错综复杂的控制链结构、相互独立的法人主体以及繁杂的关联交易使其代理问题及信息不对称程度要远超独立公司。在审计集团内上市公司时，可能需要从各关联公司中获取其交易的真实信息。当审计师专业能力及信息搜集能力较强时，其对于集团上市公司相关信息能够进行较为深入的挖掘，并能在不同时审计其他关联公司的基础上提供一定的信息解读及标准化服务，进而满足集团总部的标准化信息需求。王烨（2009）的研究表明，当公司控制链条越长，代理冲突越严重时，上市公司越倾向聘用能力较强的"四大"事务所。而在集团上市公司外部监督体系中，若审计师的能力较弱，其对于关联公司的信息搜集及理解不足，最终可能导致审计师无法通过审计单一集团上市公司来判断其在集团中的状态。因此，从审计师的角度出发，为满足企业集团完善内部治理的要求，当其能力较弱时，可能更需要通过共同审计提升审计师的信息挖掘及分析能力；而对于专业能力较强的审计师或事务所，本身可能以及具备分析集团内交易及资金流向的能力，因而对共同审计的需求较小。据此，本书提出假设 H4－4：

假设 H4－4：企业集团内成员公司的会计师事务所专业能力较弱时，其选择集团共同审计的可能性越大。

第二节 研究设计

一、样本和数据

本书通过手工收集我国 2005—2017 年集团上市公司数据为样本，其他相关财务数据来自国泰安数据库及万德数据库。此外，本书对样本进行了如下筛选：①剔除了金融类公司；②剔除了无法区分是否拥有共同审计师的样本；③剔除了控制变量缺失样本。④对所有连续变量进行了上下各 1% 的 winsorise 处理。经上述处理后，共得到 5834 个样本观测值。

二、变量定义

集团上市公司：参照王春飞等（2010，2014）、伍利娜等（2012）以及陆正飞等（2012）的研究，若至少两家（或以上）上市公司被同一非政府机构最终控制人[①]所控制，本书将其定义为同一企业集团的成员公司。如图 4-1 的深圳长城开发科技股份有限公司（000021）和深圳市桑达实业股份有限公司（000032）都被中国电子信息产业集团有限公司控制，属于集团上市公司。

集团共同审计：在同一集团内，如果两家（或以上）上市公司都由同一会计师事务所审计，则本书定义属于集团共同审计的情形。以表 4-1 为例，本书总共采用了三种共同审计的定义，其中第一种作为本书主要的回归分析变量，其余两种用于稳健性检验。

[①] 本书的最终控制人通过上市公司控制链结构手工整理得出，包括非政府机构及部门之外的集团公司、学校、研究机构、自然人以及家族等。如上市公司最终实际控制人为政府机构，本书将低于最高控制方的非政府属性控制人认定为该上市公司的最终控制人。

第四章 集团共同审计的影响因素

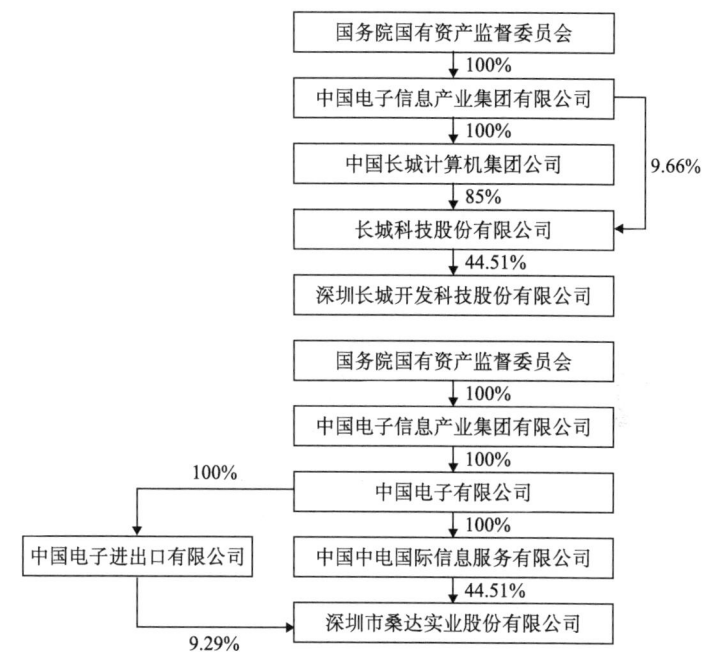

图4-1 深科技(000021)和深桑达(000032)股权结构

表4-1 集团共同审计定义

公司	年份	实际控制人	审计师	会计师事务所	定义1	定义2	定义3
天科股份	2017	中国化工集团	刘莉,王俊豪	北京兴华会计师事务所	0	1	0
沧州大化	2017	中国化工集团	章涛,陈琛	德勤华永会计师事务所	1	1	0
沙隆达A	2017	中国化工集团	陈曦,赵妍	德勤华永会计师事务所	1	1	0
沈阳化工	2017	中国化工集团	张欢,张杨	毕马威华振会计师事务所	1	1	0
安迪苏	2017	中国化工集团	陈玉红,苏星	毕马威华振会计师事务所	1	1	0

续表

公司	年份	实际控制人	审计师	会计师事务所	定义1	定义2	定义3
中国化学	2017	中国化工集团	张军书,闫印朝	立信会计师事务所	1	1	1
天华院	2017	中国化工集团	杨宝萱,林盛	立信会计师事务所	1	1	0
风神股份	2017	中国化工集团	董洪军,黄法洲	立信会计师事务所	1	1	0
东华科技	2017	中国化工集团	陈星辉,张军书	立信会计师事务所	1	1	1

定义1（Common_firm）：在同一集团下，德勤华永会计师事务所、毕马威华振会计师事务所以及立信会计师事务所都审计了两家（或以上）上市公司，将这些成员公司定义为集团共同审计。

定义2（Common_group）：在同一集团下，存在至少一家事务所同时审计两家或以上上市公司，则将该集团认定为拥有共同审计师的集团。

定义3（Common_auditor）：在同一集团下，有两家上市公司（中国化学和东华科技）使用了同一家会计师事务所（立信会计师事务所）中的同一名审计师（张军书），将这两家上市公司定义为集团共同审计。

同时，为考察企业集团聘用共同审计师的程度，本书使用SCommon_firm变量，表示集团上市公司中聘用共同审计师的比例。

主要自变量定义如下：

集团上市公司的两权分离度（Seperation）：以集团上市公司为考察对象，其取值为集团实际控制之人对上市公司的控制权与所有权之间的差值的100倍。

产权性质（SOE）：以集团上市公司为考察对象，若集团上市公司的产权性质为国有则取1，否则为0。

企业集团产权性质（SSOE）：以企业集团为考察对象，若集团的产权性质为国有，则该变量取1，否则为0。

企业集团上市公司数量（N）：企业集团中上市公司的数量。

会计师事务所变量（Big4）：以集团上市公司为考察对象，若上市公司聘用的会计师事务所是"四大"会计师事务所时，该变量取1，否则为0。

其他变量名称和定义见表4-2：

表4-2　变量符号及定义（集团共同审计决定因素）

变量符号	变量定义及描述
Common_firm	集团统一审计变量，所有A股集团上市公司，若集团内至少两家上市公司聘用同一家会计师事务所，则该变量取1，否则取0
Common_group	集团统一审计替换变量，所有A股集团上市公司，若集团存在共同审计，则该集团内所有上市公司样本该变量取1，否则取0
Common_auditor	集团统一审计替换变量，所有A股集团上市公司，若集团内至少两家公司聘用同一家会计师事务所的同一个审计师，则该变量取1，否则取0
SCommon_firm	企业集团共同审计比例，为集团内使用共同会计师事务所的上市公司数与集团所有上市公司数的比值
SSOE	企业集团产权性质，如企业集团为国有性质则该变量取1，否则为0
N	企业集团上市公司数量
Ssize	企业集团资产，为集团内所有上市公司资产总和的对数值
Slev	企业集团负债率，为集团内所有上市公司负债比率加权值
SROA	企业集团的总资产收益率，以各集团公司的ROA加权计算
SQ	企业集团的托宾Q取值，以各集团公司的托宾Q加权计算
Sacshare	企业集团控股比例，为集团内所有上市公司实际控制人持股比例的加权值
Sgrowth	企业集团营业收入增长率，集团上市公司营业收入增长率的加权值
Seperation	集团上市公司的两权分离度，为控制权与所有权之间的差值的100倍

续表

变量符号	变量定义及描述
SOE	产权性质,若集团上市公司的产权性质为国有则取1,否则取0
Big4	会计师事务所虚拟变量,若集团上市公司聘请的事务所为国际四大,则该变量取1,否则取0
Size	集团上市公司的规模,为公司总资产的对数值
Lev	集团上市公司的负债比率
ROA	集团上市公司的总资产收益率
Mb	集团上市公司的账面市值比
Age	集团上市公司上市年限的对数值
Growth	集团上市公司营业收入增长率
Board	集团上市公司董事会结构变量,以董事会人数的对数值表示
Indep	集团上市公司独立董事比例,为独立董事人数与董事会总人数的比值
Payway	集团上市公司董事长在本公司领薪则取1,否则为0
Acshare	集团上市公司实际控制人持股比例数值的100倍
Sameind	集团上市公司业务相似度,若集团上市公司的行业为企业集团的主要行业时取1,否则取0
Index_dummy	依据《中国市场化指数报告2016版》市场化指数将各地区分为制度环境高与制度环境低两组,当集团上市公司注册地制度环境较高时,该变量取1,否则为0
HHI_dummy	以赫芬达尔指数计算的上市公司多元化指数大于其中位数时取1,否则为0
Province	集团上市公司地理位置指标,若集团上市公司注册地与集团总部在同一省份则取1,否则为0

三、检验模型

为验证假设 H4-1 至假设 H4-4,本书对模型(4-1)至模型(4-6)进行回归。其中,模型(4-1)将所有能够影响集团聘用共同审计师的上市公司层面因素纳入同一回归方程,包括集团上市公司的两权分离度（控制权和所有制之差）以及是否聘用"四大"会计师事务所，模型（4-2）考察了集团上市公司控制权与所有权的分离程度对其聘用共同审计师的影响；模型（4-3）至模型（4-4）分别考察了成员上市公司及企业集团的产权性质对共同审计师聘用的影响；模型（4-5）考察了企业集团上市公司数量对于其聘用共同审计师的影响；模型（4-6）考察了成员上市公司聘用审计师能力（是否为"四大"）对共同审计师聘用的影响。

从代理理论角度，两权分离度（Seperation）越小（控制权越小，所有权越大）时，企业集团对于上市公司的控制越缺失，但其与成员公司的利益相关度越高。控制权的减小增加了集团对于上市公司的监督和治理成本，上市公司在一定程度上会脱离集团的控制，并由此产生管理层的"寻租"及机会主义行为，最终加剧了集团与上市公司之间的代理问题及信息不对称；因而其越有可能聘用共同审计师。

此外，产权性质层面，相比于非国有集团，国有集团的不完全经济导向以及管理人员的缺位会使上市公司真实经营信息难以传达到总部，且对于已掌握信息的处理成本也较高，此时，为实现对集团上市公司的监督与管控，总部更有可能借助外部力量从整体层面对成员公司的实际情况加以了解，并提供决策有用信息。因此，本书预期，集团上市公司产权性质（SOE/SSOE）应与集团共同审计变量（Common_firm/SCommon_firm）正相关。

从信息可比性角度，集团上市公司数量（N）越多，集团总部对各公司信息整理及标准化的难度越大，其对于集团上市公司的控制将被削弱。此时共同审计师能将同一集团中各公司的信息及知识更好地进行加工整合，发挥共同审计的"外溢效应"以满足集团对于标准化信息的需求。因而本书预期，集团上市公司数量（N）与是否聘用共同审计师（Common_firm）正相关。

最后,从外部审计师视角。集团审计师搜集及处理信息的能力决定了集团是否有必要聘请共同审计师。相比于规模及水平较高的事务所,小所的信息搜集及处理能力有限,加之集团内部结构的复杂性,使小所很难处理成员公司整体层面信息,并将处理后的信息传递给集团总部,因而本书预期,当集团上市公司聘用的事务所为非"四大"时,其选择共同审计师的可能性更高,即"四大(Big4)"与集团共同审计变量(Common_firm)负相关。

$Commonfirm = \beta_0 + \beta_1 * Seperation + \beta_2 * SOE + \beta_3 * Big4 + \beta_4 * Size + \beta_5 * Lev + \beta_6 * ROA + \beta_7 * Mb + \beta_8 * Age + \beta_9 * Growth + \beta_{10} * Borad + \beta_{11} * Indep + \beta_{12} * Dual + \beta_{13} * Payway + \beta_{14} * Acshare + \beta_{15} * Sameind + Year + Industry + \varepsilon$ 模型(4-1)

$Commonfirm = \beta_0 + \beta_1 * Seperation + \beta_2 * Size + \beta_3 * Lev + \beta_4 * ROA + \beta_5 * Mb + \beta_6 * Age + \beta_7 * Growth + \beta_8 * Board + \beta_9 * Indep + \beta_{10} * Dual + \beta_{11} * Payway + \beta_{12} * Achare + \beta_{13} * Sameind + Year + Industry + \varepsilon$ 模型(4-2)

$Commonfirm = \beta_0 + \beta_1 * SOE + \beta_2 * Size + \beta_3 * Lev + \beta_4 * ROA + \beta_5 * Mb + \beta_6 * Age + \beta_7 * Growth + \beta_8 * Board + \beta_9 * Indep + \beta_{10} * Dual + \beta_{11} * Payway + \beta_{12} * Achare + \beta_{13} * Sameind + Year + Industry + \varepsilon$ 模型(4-3)

$SCommonfirm = \beta_0 + \beta_1 * SSOE + \beta_2 * Ssize + \beta_3 * Slev + \beta_4 * SROA + \beta_5 * SQ + \beta_6 * Sgrowth + Year + \varepsilon$ 模型(4-4)

$SCommonfirm = \beta_0 + \beta_1 * N + \beta_2 * Ssize + \beta_3 * Slev + \beta_4 * SROA + \beta_5 * SQ + \beta_6 * Sgrowth + Year + \varepsilon$ 模型(4-5)

$Commonfirm = \beta_0 + \beta_1 * Big4 + \beta_2 * Size + \beta_3 * Lev + \beta_4 * ROA + \beta_5 * Mb + \beta_6 * Age + \beta_7 * Growth + \beta_8 * Board + \beta_9 * Indep + \beta_{10} * Dual + \beta_{11} * Payway + \beta_{12} * Achare + \beta_{13} * Sameind + Year + Industry + \varepsilon$ 模型(4-6)

第三节 实证结果分析

一、描述性统计

表 4 - 3 为集团上市公司层面影响因素的描述性统计结果,集团上市公司样本共 5834 个,集团样本量为 2507 个;其中集团共同审计(Common_firm)的平均值为 0.499,即在集团公司中,有大概一半的上市公司聘用了共同审计师,使得本书共同审计师与非共同审计师的样本进行了较好的匹配。同时,存在共同审计师的集团(Common_group)占集团总数的 62.6%(共同审计师定义 2);而从审计师个人层面,使用同一名审计师(Common_auditor)的集团上市公司占总样本的 19.2%。两权分离度(Seperation)的均值为 7.338%(标准化前),方差为 8.904,最大值 29.545%,最小值为 0,说明我国集团上市公司中存在一定程度的两权分离现象。样本中,有 76.8% 的集团上市公司为国有企业,占样本的绝大多数,一定程度上论证了我国企业集团形成"政府推动"因素。样本中有 9.6% 的集团上市公司使用了"四大"会计师事务所。此外,集团上市公司中,只有 43.2% 的公司董事长在本公司领薪,其余 56.8% 的董事长薪酬都来源于企业集团;实际控制人持股比例(Acshare)的均值为 32.012%(标准化前),方差为 17.569,最大值为 74.09% 而最小值为 1.101%,表明我国集团公司中股权较为集中,且差异较大,而 1.101% 的最小值可能是由于集团层级过长形成的,从侧面反应了我国集团构成的复杂性。此外,企业集团上市公司聘用共同审计师的平均数(SCommon_firm)为 44.6%,即平均一个集团内,有 44.6% 的上市公司聘用了共同审计师。平均每个企业集团有 2.676 家上市公司,且该变量最大值为 22,最

小值为 1,方差为 1.903,说明我国企业集团上市公司数量差别较大,且总体上市数量不高。在集团样本中,有 69.9% 为国有集团。其余控制变量与以往研究基本保持一致。

表 4-3　　描述性统计（集团共同审计决定因素）

变量名	观测值	平均值	标准差	最小值	最大值
Common_firm	5834	0.499	0.5	0	1
Common_group	5834	0.626	0.484	0	1
Common_auditor	5834	0.192	0.394	0	1
Seperation	5834	7.338	8.904	0	29.545
SOE	5834	0.768	0.422	0	1
Big4	5834	0.096	0.295	0	1
Size	5834	22.369	1.457	19.156	26.608
Lev	5834	0.517	0.205	0.052	1.085
ROA	5834	0.033	0.058	-0.203	0.237
Mb	5834	0.588	0.256	0.099	1.125
Age	5834	2.433	0.588	0	3.332
Growth	5834	0.192	0.508	-0.567	3.541
Board	5834	2.204	0.209	1.386	2.944
Indep	5834	0.364	0.053	0.143	0.8
Dual	5834	0.102	0.302	0	1
Payway	5834	0.432	0.495	0	1
Acshare	5834	32.012	17.569	1.101	74.09
Sameind	5834	0.538	0.499	0	1
SCommon_firm	2507	0.446	0.454	0	1
N	2507	2.676	1.903	1	22
SSOE	2507	0.699	0.456	0	1
Ssize	2507	23.672	1.731	20.782	29.291
Slev	2507	0.549	0.174	0.169	0.934

续表

变量名	观测值	平均值	标准差	最小值	最大值
SROA	2507	0.039	0.401	-0.075	0.168
SQ	2507	1.487	1.214	0.090	5.899
Sgrowth	2507	0.195	0.371	-0.359	2.037

二、相关性分析

表4-4为集团上市公司层面影响因素的相关性分析。从表中能够看出，集团上市公司产权性质（SOE）与集团上市公司聘用共同审计师（Common_firm）指标显著正相关；两权分离度（Seperation）和是否聘用"四大（Big4）"变量与集团上市公司聘用共同审计师（Common_firm）指标显著负相关，与本书预期结果一致。此外，与企业集团重要性及生产能力相关的公司规模（Size）、负债率（Lev）、市账比（Mb）、实际控制人持股比例（Acshare）以及业务相似度（Sameind）等指标与共同审计师（Common_firm）变量正相关，而董事长是否在本公司领薪（Payway）与共同审计师（Common_firm）变量负相关。

表4-5为企业集团层面影响因素的相关性分析。从表中可以看出，集团上市公司数量（N）与企业集团产权性质（SSOE）与企业集团聘请共同审计师的程度（SCommon_firm）显著正相关，符合本书的预期。此外，集团规模越大，负债水平越高时，集团更倾向使用共同审计师，可能的原因是由于企业集团规模及负债率的提升，一定程度上表明集团复杂程度的提高，而此情况下，信息不对称程度更加严重，因而企业倾向使用共同审计师进行信息搜集及处理。其次，当企业集团发展水平越低时，集团也会更倾向于派遣具有信息搜集及处理优势的共同审计师到上市公司，以帮助集团提升对上市公司的控制。

表 4-4　相关性分析（集团上市公司层面）

变量	Common_firm	Seperation	SOE	Big4	Size	Lev	ROA	Mb	Age	Growth	Board	Indep	Dual	Payway	Acshare	Sameind
Common_firm	1															
Seperation	-0.026*	1														
SOE	0.208***	-0.255***	1													
Big4	-0.022**	0.064***	0.117***	1												
Size	0.046***	-0.041***	0.135***	0.423***	1											
Lev	0.037***	0.019	0.113***	0.044***	0.330***	1										
ROA	-0.02	0.022*	-0.071***	0.086***	0.074***	-0.383***	1									
Mb	0.043***	0.038***	0.128***	0.183***	0.562***	0.352***	-0.176***	1								
Age	0.099***	0.041***	0.072***	-0.003	0.132***	0.182***	-0.134***	0.079***	1							
Growth	-0.003	0	-0.050***	0.004	0.045***	0.039***	0.199***	-0.035***	-0.044***	1						
Board	0.088***	0.033**	0.185***	0.099***	0.195***	0.089***	0.031**	0.120***	-0.069***	0.003	1					
Indep	-0.017	-0.102***	-0.024	0.111***	0.148***	0.015	-0.023	0.034**	0.011	0.001	-0.374***	1				
Dual	-0.029**	0.016	-0.178***	-0.019	-0.093***	-0.063***	0.013	-0.105***	-0.032**	-0.008	-0.100***	0.062***	1			
Payway	-0.052***	0.028**	-0.261***	-0.069***	-0.086***	-0.047***	0.041***	-0.041***	-0.112***	-0.007	-0.077***	0.040***	0.286***	1		
Acshare	0.089***	0.472***	0.390***	0.140***	0.285***	0.024	0.062***	0.103***	-0.134***	0.042***	0.015	0.089***	-0.114***	-0.196***	1	
Sameind	0.160***	-0.031**	0.207***	0.069***	0.028**	0.037***	-0.032**	0.047***	0.047***	-0.021	0.088***	0.014	-0.022	-0.068***	0.044***	1

注：***、**、*分别表示在1%、5%和10%的统计水平上显著。

表 4-5　　　相关性分析（企业集团层面）

变量	SCommon_firm	N	SSOE	Ssize	Slev	SROA	SQ	Sgrowth
SCommon_firm	1							
N	0.154***	1						
SSOE	0.204***	0.218***	1					
Ssize	0.068***	0.341***	0.289***	1				
Slev	0.004	0.107***	0.171***	0.507***	1			
SROA	-0.047**	-0.0210	-0.102***	-0.078***	-0.437***	1		
SQ	-0.079***	-0.090***	-0.227***	-0.497***	-0.565***	0.392***	1	
Sgrowth	-0.036*	0.047**	-0.054***	-0.040**	0.00100	0.239***	0.091***	1

注：***、**、*分别表示在1%、5%和10%的统计水平上显著。

三、回归结果

(一) 主回归结果

有关集团共同审计决定因素的回归结果如下。

表4-6和表4-7汇报了集团上市公司聘用共同审计师决定因素的回归结果。表4-6的第(1)列中,本书将所有可能的影响因素放入模型,发现结果与假设基本保持一致。集团上市公司产权性质(SOE)与集团是否聘用共同审计(Common_firm)显著正相关,而上市公司两权分离度(Seperation)以及是否聘用"四大(Big4)"与集团是否聘用共同审计(Common_firm)显著负相关。

表4-6 集团共同审计的决定因素(集团上市公司层面)

变量	(1)	(2)	(3)	(4)
	Common_firm			
Seperation	-0.064*	-0.010*		
	(-1.66)	(-1.66)		
SOE	0.712***		1.030***	
	(3.87)		(6.29)	
Big4	-0.465*			-0.282
	(-1.91)			(-1.30)
Size	-0.097	-0.110*	-0.118*	-0.070
	(-1.41)	(-1.75)	(-1.86)	(-1.05)
Lev	0.153	0.245	0.206	0.181
	(0.51)	(0.82)	(0.69)	(0.60)
ROA	0.932	0.737	0.964	0.589
	(1.08)	(0.89)	(1.15)	(0.71)
Mb	0.792***	0.771***	0.691**	0.672**
	(2.67)	(2.63)	(2.38)	(2.28)

续表

变量	(1)	(2)	(3)	(4)
	Common_firm			
Age	0.242**	0.306***	0.224**	0.295***
	(2.25)	(2.93)	(2.16)	(2.84)
Growth	0.074	0.060	0.097*	0.057
	(1.22)	(1.03)	(1.67)	(0.99)
Board	0.868***	1.109***	0.838***	1.105***
	(2.88)	(3.73)	(2.73)	(3.73)
Indep	0.794	0.664	0.528	0.915
	(0.76)	(0.64)	(0.50)	(0.89)
Dual	0.075	-0.079	0.047	-0.078
	(0.46)	(-0.51)	(0.29)	(-0.50)
Payway	0.126	-0.116	0.042	-0.129
	(1.11)	(-1.08)	(0.38)	(-1.20)
Acshare	0.009**	0.015***	0.008**	0.009***
	(2.04)	(3.81)	(2.13)	(4.31)
Sameind	0.433***	0.566***	0.506***	0.368
	(3.35)	(4.57)	(4.04)	(4.83)
Constant	-4.136***	-3.003**	-2.883**	-3.839***
	(-2.88)	(-2.13)	(-2.06)	(-2.61)
Year/Industry	Yes	Yes	Yes	Yes
N	5834	5834	5834	5834
adj. R2	0.089	0.039	0.064	0.039

注：括号内数值表示 T（Z）统计值；***、**、* 分别表示在1%、5%和10%的统计水平上显著；标准误差按公司 Cluster 进行了处理。

表4-7汇报了集团层面上，聘用共同审计师的决定因素。第（1）列显示了将集团特征因素全部纳入模型后的回归结果，集团上市公司数量（N）与集团产权性质（SSOE）都与集团共同审计

聘用比例（SCommon_firm）正相关，且在1%的统计水平上显著。

表4-7　　　集团共同审计决定因素（企业集团层面）

变量	(1)	(2)	(3)
	SCommon_firm		
SSOE	0.032***	0.217***	
	(10.13)	(10.05)	
N	0.200***		0.038***
	(9.13)		(11.48)
Ssize	-0.031***	-0.014*	-0.015*
	(-3.79)	(-1.81)	(-1.86)
Slev	-0.160**	-0.190**	-0.204***
	(-2.19)	(-2.57)	(-2.74)
SROA	-0.064	-0.200	-0.276
	(-0.24)	(-0.74)	(-1.01)
SQ	-0.048***	-0.039***	-0.054***
	(-4.14)	(-3.41)	(-4.55)
Sgrowth	-0.000	0.000	-0.000
	(-0.07)	(0.33)	(-0.17)
Constant	0.936***	0.634***	0.749***
	(5.39)	(3.79)	(4.35)
Year	Yes	Yes	Yes
N	2507	2507	2507
adj. R2	0.072	0.057	0.038

注：括号内数值表示T（Z）统计值；***、**、*分别表示在1%、5%和10%的统计水平上显著；标准误差按集团Cluster进行了处理。

表4-6的第（2）列中，集团上市公司两权分离度（Seperation）与集团是否聘用共同审计（Common_firm）负相关，回归系数为-0.010，且在10%的统计水平上显著，这是由于随着集团总

部对上市公司所有权的下降，其利益相关度逐渐降低，且随着对上市公司控制权的增加，集团本身对公司行为的把控能力较强，其监督和信息搜集成本较低，因而借助共同审计师来对上市公司进行监督的动机下降。本书的 H4-1 得以验证。

表 4-6 的第（3）列中，集团上市公司股权性质（SOE）与集团是否聘用共同审计（Common_firm）正相关，且在 1% 的统计水平上显著。当集团上市公司产权性质为国有时，国有企业高管本身的信息弱势以及"选派"制度所造成的管理层缺位现象使上市公司管理人难以将真实可靠信息传递给集团总部，加之高管人员的不匹配造成的信息处理成本增加，最终增加了企业集团与上市公司之间的代理问题及信息不对称程度，削弱了企业集团对于上市公司的全面管控，而共同审计能够带来的监督和咨询优势弥补了这一缺陷，因而相比于非国有集团上市公司，国有集团上市公司对共同审计师功能的需求较高。此外，表 4-7 的第（2）列中，集团的产权性质（SSOE）与其聘用共同审计师的比例（SCommon_firm）正相关，且在 1% 的统计水平上显著，从企业集团层面也论证了上述观点。本书的 H4-2 得以验证。

从表 4-7 的第（2）列可以看出，集团上市公司数量（N）越多，企业集团聘用共同审计师的比例（SCommon_firm）越大，两者在 1% 的统计水平上显著正相关。企业集团上市公司数量越多，总部需要分散更多精力对上市公司进行监督并搜集上市公司层面信息；加之随着公司数量的增加，企业集团的跨行业程度及多元化水平也随之增加，而为保持对上市公司的监管及治理需要集团总部涉猎更多不同行业及产业的相关知识，在其他条件不变的情况下，也增加了集团的监管成本。此时，共同审计师的监督及咨询功能更能够得以凸显，以帮助集团总部降低信息搜集及处理成本，因而当企业集团上市公司数量增加时，其聘用共同审计师的比例也随之上升。本书的 H4-3 得以验证。

表 4-6 的第（4）列中，集团上市公司是否聘用"四大"会计师事务所（Big4）与集团是否聘用共同审计（Common_firm）负相关。表明当集团上市公司聘用的事务所为"四大"时，其对公司监督及咨询功能的发挥已处于较高水平，集团总部在一定程度上已能够通过事务所掌握子公司的信息，加强对子公司的控制，因而聘用共同"四大"会计师事务所的边际收益较小，在这种情况下，集团对共同审计师的需求较小。本书的 H4-4 得以验证。

综上，集团总部与其上市公司的代理问题越大（表现为控制权降低、所有权增加以及集团产权性质为国有时）、信息整合越困难（表现为上市公司数量增加以及审计师能力较低）时，其聘请共同审计师的概率越高。

(二) 分组回归的结果

此外，为进一步考察集团共同审计决定因素在不同情形下所发挥的功能，本书首先考察了不同制度制度环境下，上述因素对集团聘用共同审计的影响。

表 4-8 和表 4-9 展示了不同制度环境中，各因素对集团共同审计聘用的影响。结果显示，除上市公司"两权分离程度（Seperation）"在制度环境截面归回中的系数不显著以外[①]，其余影响因素均在制度环境较差时，对集团聘用共同审计师的促进作用更强（回归系数通过了 T 检验）。该结果表示，在制度环境较差时，法律及市场环境对集团上市公司机会主义行为的抑制作用较低，对企业行为的规范作用较弱；此时，基于共同审计师的治理效应，集团对共同审计的需求更高。

此外，本书还检验了集团共同审计决定因素在不同多元化公司中的影响差异。结果如表 4-10 和表 4-11 所示，集团上市公司两

---

① 两权分离度在制度环境较差的样本中的系数虽然在统计上不显著，但其系数和显著性都优于制度环境较好的样本。

表 4 - 8　　集团共同审计决定因素——制度环境截面

变量	(1) 环境差	(2) 环境好	(3) 环境差	(4) 环境好	(5) 环境差	(6) 环境好
			Common_firm			
Seperation	-0.013 (-1.40)	-0.008 (-0.91)				
SOE			1.183*** (5.42)	0.900*** (3.70)		
Big4					-0.425* (-1.69)	-0.351 (-1.19)
Size	-0.177* (-1.85)	-0.104 (-1.21)	-0.175* (-1.80)	-0.119 (-1.40)	-0.152 (-1.63)	-0.042 (-0.45)
Lev	0.121 (0.31)	0.434 (0.94)	0.069 (0.17)	0.369 (0.80)	0.085 (0.22)	0.324 (0.69)
ROA	-1.419 (-1.36)	2.995** (2.45)	-1.052 (-1.00)	3.056** (2.41)	-1.475 (-1.41)	2.801** (2.27)
Mb	0.698* (1.71)	0.880** (2.10)	0.501 (1.23)	0.929** (2.26)	0.642 (1.59)	0.748* (1.74)
Age	0.255* (1.66)	0.455*** (3.16)	0.280* (1.82)	0.307** (2.10)	0.235 (1.54)	0.458*** (3.17)
Growth	0.111 (1.39)	0.035 (0.38)	0.139* (1.68)	0.068 (0.76)	0.114 (1.40)	0.027 (0.30)
Board	1.234*** (3.10)	1.021** (2.30)	0.918** (2.27)	0.832* (1.82)	1.256*** (3.18)	1.009** (2.25)
Indep	0.912 (0.65)	0.007 (0.00)	0.742 (0.53)	-0.200 (-0.12)	1.093 (0.77)	0.416 (0.26)
Dual	-0.206 (-0.88)	-0.123 (-0.61)	-0.062 (-0.26)	-0.040 (-0.18)	-0.188 (-0.82)	-0.138 (-0.69)
Payway	-0.176 (-1.19)	0.056 (0.36)	0.019 (0.12)	0.165 (1.05)	-0.197 (-1.34)	0.045 (0.29)
Acshare	0.018*** (3.80)	0.012* (1.91)	0.010** (2.28)	0.006 (1.12)	0.016*** (3.89)	0.139** (2.55)

续表

变量	(1)环境差	(2)环境好	(3)环境差	(4)环境好	(5)环境差	(6)环境好
	Common_firm					
Sameind	0.635***	0.437**	0.536***	0.427**	0.644***	0.492***
	(4.17)	(2.31)	(3.49)	(2.27)	(4.23)	(2.62)
Constant	-2.192	-1.764	-2.323	-1.746	-2.768	-3.022
	(-1.07)	(-0.92)	(-1.15)	(-0.90)	(-1.39)	(-1.49)
Year/Industry	Yes	Yes	Yes	Yes	Yes	Yes
N	2995	2839	2995	2839	2995	2839
adj. R2	0.074	0.058	0.101	0.075	0.074	0.058

注：括号内数值表示T（Z）统计值；***、**、*分别表示在1%、5%和10%的统计水平上显著；标准误差按公司Cluster进行了处理；且上述系数均通过T检验。

表4-9 企业集团共同审计师比例影响因素——制度环境截面①

变量	(1)环境差	(2)环境好	(3)环境差	(4)环境好
	SCommon_firm			
SSOE	0.240***	0.187***		
	(7.86)	(6.19)		

---

① 由于企业集团具有多家上市公司，而不同上市公司可能处于制度环境不同的省份，因而在计量企业集团所处制度环境时，本书使用集团上市公司所处制度环境的加权值；以地区制度环境指数为基础，集团上市公司总资产为权数，对所有上市公司所处地的地区制度环境指数进行加权得到企业集团总体的制度环境指数。再以集团总体在制度环境指数的中位数为基准，当该指数大于中位数时，集团样本划分为制度环境较好一组，而当该指数小于中位数时，集团样本为在制度环境较差一组。本书使用集团上市公司加权指数基于以下原因：①本书所探究的是集团上市公司聘用共同审计师的影响因素，因而所对应的截面应以上市公司所处地的地区制度环境指数为基础，而不使用集团总部所在地的地区制度环境指数。②使用上市公司总资产为权数的原因是由于上市公司总资产越大，其在企业集团内部的地位和重要性水平越高，因而集团在考虑是否聘用共同审计师时，受到这类上市公司的影响程度越大。

续表

变量	(1) 环境差	(2) 环境好	(3) 环境差	(4) 环境好
		SCommon_firm		
N			0.064***	0.057***
			(9.34)	(7.82)
Ssize	-0.019*	-0.000	-0.025**	0.002
	(-1.81)	(-0.00)	(-2.26)	(0.15)
Slev	-0.093	-0.282***	-0.079	-0.335***
	(-0.90)	(-2.64)	(-0.77)	(-3.13)
SROA	-1.189***	0.775**	-1.187***	0.646*
	(-3.19)	(2.05)	(-3.14)	(1.69)
SQ	-0.046***	-0.020	-0.069***	-0.031*
	(-2.72)	(-1.26)	(-3.92)	(-1.85)
Sgrowth	0.000	-0.000	0.000	-0.000
	(1.47)	(-0.64)	(0.79)	(-0.69)
Constant	0.687***	0.354	0.941***	0.374
	(2.94)	(1.46)	(3.76)	(1.56)
Year	Yes	Yes	Yes	Yes
N	1271	1236	1271	1236
adj. R2	0.040	0.039	0.064	0.040

注：括号内数值表示T（Z）统计值；***、**、*分别表示在1%、5%和10%的统计水平上显著；标准误差按公司Cluster进行了处理；且上述系数均通过T检验。

权分离度、产权性质及是否聘用"四大"对聘用共同审计师的促进作用在多元化程度更高的公司中更为显著（系数通过T检验），对此的解释是多元化程度更高，成员公司的信息复杂程度也越高，集团总部对其的了解程度相对不足，更需要通过聘用共同审计师来对这类公司的信息进行加工处理。此外，集团产权性质（SSOE）、企业集团上市公司数量（N）与集团聘用共同审计比例（SCommon_firm）的影响均在多元化程度更高的分组内更显著，其回归系数在多元化程度较高分组内也更大（系数通过 T 检验）。多元化程度的增加表示集团上市公司业务复杂度的提升，此时集团对上市公司信息的搜集及整合难度加大，因而对共同审计师的需求程度随之上升。

表 4-10　集团共同审计决定因素——多元化截面

变量	(1) 多元化程度高	(2) 多元化程度低	(3) 多元化程度高	(4) 多元化程度低	(5) 多元化程度高	(6) 多元化程度低
			Common_firm			
Seperation	-0.012 (-1.46)	-0.008 (-1.05)				
SOE			1.087*** (4.65)	0.978*** (4.95)		
Big4					-0.735** (-2.02)	-0.085 (-0.31)
Size	-0.149* (-1.76)	-0.102 (-1.22)	-0.180** (-2.08)	-0.097 (-1.16)	-0.071 (-0.78)	-0.087 (-0.99)
Lev	-0.302 (-0.74)	0.716* (1.77)	-0.378 (-0.94)	0.709* (1.72)	-0.379 (-0.92)	0.675* (1.67)
ROA	0.748 (0.63)	0.859 (0.80)	1.028 (0.84)	1.098 (1.00)	0.647 (0.54)	0.723 (0.67)
Mb	0.997** (2.29)	0.652* (1.74)	0.999** (2.28)	0.539 (1.47)	0.784* (1.80)	0.608 (1.61)
Age	0.389*** (2.82)	0.294** (2.02)	0.296** (2.13)	0.215 (1.50)	0.401*** (2.95)	0.281* (1.94)
Growth	-0.019 (-0.22)	0.123 (1.48)	-0.000 (-0.00)	0.171** (1.97)	-0.017 (-0.20)	0.121 (1.46)
Board	1.084** (2.41)	1.201*** (3.13)	0.881* (1.93)	0.906** (2.28)	1.121*** (2.59)	1.196*** (3.10)
Indep	1.236 (0.79)	0.317 (0.25)	1.308 (0.83)	0.042 (0.03)	1.552 (0.99)	0.476 (0.37)

续表

变量	(1) 多元化程度高	(2) 多元化程度低	(3) 多元化程度高	(4) 多元化程度低	(5) 多元化程度高	(6) 多元化程度低
	Common_firm					
Dual	-0.287 (-1.08)	0.109 (0.60)	-0.167 (-0.63)	0.233 (1.17)	-0.253 (-0.97)	0.102 (0.56)
Payway	-0.224 (-1.39)	-0.041 (-0.30)	-0.055 (-0.33)	0.108 (0.78)	-0.239 (-1.47)	-0.048 (-0.35)
Acshare	0.015*** (2.81)	0.016*** (3.13)	0.010** (2.16)	0.006 (1.31)	0.015*** (3.33)	0.014*** (3.16)
Sameind	0.473*** (2.83)	0.653*** (4.10)	0.394** (2.28)	0.607*** (3.83)	0.499*** (2.97)	0.678*** (4.30)
Constant	-3.935* (-1.77)	-3.168* (-1.79)	-3.622 (-1.63)	-3.186* (-1.81)	-5.685** (-2.52)	-3.472* (-1.85)
Year/Industry	Yes	Yes	Yes	Yes	Yes	Yes
N	2402	3432	2402	3432	2402	3432
adj. R2	0.058	0.042	0.082	0.064	0.061	0.041

注：括号内数值表示 T（Z）统计值；***、**、* 分别表示在 1%、5% 和 10% 的统计水平上显著；标准误差按公司 Cluster 进行了处理；且上述系数均通过 T 检验。

表 4-11　企业集团共同审计师比例影响因素——多元化截面[①]

变量	(1) 多元化程度高	(2) 多元化程度低	(3) 多元化程度高	(4) 多元化程度低
	SCommon_firm			
SSOE	0.229*** (7.17)	0.212*** (7.15)		
N			0.045*** (8.55)	0.034*** (7.91)

---

① 企业集团的多元化程度以企业集团中所有上市公司多元化程度的加权值计算。

续表

变量	(1) 多元化程度高	(2) 多元化程度低	(3) 多元化程度高	(4) 多元化程度低
	SCommon_firm			
Ssize	-0.002 (-0.20)	-0.025** (-2.37)	0.000 (0.00)	-0.029*** (-2.67)
Slev	-0.310*** (-3.11)	-0.032 (-0.29)	-0.292*** (-2.83)	-0.089 (-0.80)
SROA	-0.864** (-2.32)	0.515 (1.30)	-0.994*** (-2.64)	0.494 (1.24)
SQ	-0.012 (-0.74)	-0.063*** (-3.93)	-0.025 (-1.53)	-0.080*** (-4.76)
Sgrowth	0.000 (0.85)	-0.000 (-0.30)	0.000 (0.51)	-0.000 (-0.66)
Constant	0.421* (1.68)	0.790*** (3.52)	0.456* (1.84)	1.015*** (4.19)
Year	Yes	Yes	Yes	Yes
N	1257	1250	1257	1250
adj. R2	0.054	0.062	0.040	0.039

注：括号内数值表示 T（Z）统计值；***、**、* 分别表示在 1%、5% 和 10% 的统计水平上显著；标准误差按集团 Cluster 进行了处理；且上述系数均通过 T 检验。

第四节　进一步研究

本书从信息传递及外溢视角验证了集团聘用共同审计师的监督及咨询功能。然而，在以往有关集团共同审计的研究中，有学者认为，在我国市场及法制环境相对薄弱时，集团可能会为了自身利益而聘请同一审计师，以达到收买审计意见、隐瞒自身真实情况的目的；但这类负面的收买行为主要表现在事务所为本地所及小所时（王春飞等，2010；伍利娜等，2012）。并且，随着我国法律制度的完善，集团聘用共同审计师的负面动机得以抑制；在上述研究的基础上，王春飞（2014）进一步指出，自我国2007年实施《关于审理涉及会计师事务所在审计业务活动中民事侵权赔偿案件的若干规定》之后，集团共同审计对于审计质量、审计意见收买以及公司权益资本成本的负面影响不再显著。

以往研究表明，企业集团可能存在为自身利益而收买共同审计师的动机，但随着我国市场及法律环境的改善，这类负面的集团共同审计效应也随之消失。尽管如此，为排除集团共同审计可能在审计质量方面存在的负面因素，本书在样本区间内对集团共同审计与审计质量与审计费用之间的关系重新进行实证分析。

使用集团上市公司聘用共同审计师的概率（Common_firm）作为自变量，而因变量中，使用非标审计意见（MAO）作为审计质量的替代变量，当集团上市公司被出具"非标"意见时，该变量取值为1，否则为0；且使用集团上市公司审计费用的对数值表示审计费用（Cost）。结果如表4-12所示。

表4-12　集团共同审计决定因素——收买动机

变量	(1) MAO（非标意见）	(2) Cost（审计费用）
Common_firm	0.159* (1.71)	0.002 (0.08)
Size	-0.385*** (-7.99)	0.403*** (25.77)
Lev	2.458*** (8.44)	0.061 (0.72)

续表

变量	(1) MAO（非标意见）	(2) Cost（审计费用）
ROA	-4.258***	-0.430**
	(-7.11)	(-2.31)
Rec	-1.440**	0.143
	(-2.38)	(0.98)
PPE	-1.172**	-0.239**
	(-2.31)	(-2.22)
Inv	-1.160***	-0.226**
	(-3.02)	(-2.58)
Age	0.277***	-0.005
	(2.85)	(-0.20)
Big4	0.241	0.693***
	(1.17)	(10.24)
Audittime	0.550***	0.110***
	(3.30)	(3.76)
SOE	0.002	-0.051*
	(0.02)	(-1.82)
Currentratio	0.036	-0.012*
	(1.43)	(-1.73)
Share1	-0.009***	-0.002*
	(-2.64)	(-1.96)
Constant	3.572***	4.278***
	(2.85)	(12.99)
Year/Industry	Yes	Yes
N	6464	6658
adj. R2	0.384	0.715

注：括号内数值表示 T（Z）统计值；***、**、*分别表示在1%、5%和10%的统计水平上显著；标准误差按公司 Cluster 进行了处理。

第 (1) 列中，集团共同审计（Common_firm）与审计非标意见（MAO）的回归系数为 0.159，且在 10% 的统计区间内显著为正，这表明，相比于集团上市公司单独审计，在集团上市公司聘用共同审计师后，其审计显著提升，排除了集团公司为收买审计意见而聘用共同审计师的动机。审计质量的提升，也从侧面反应了共同审计师对上市公司的监督作用，表明相比于单独审计，共同审计基于其信息搜集及处理优势，能更好地发现集团上市公司的真实情况，并出具相应的审计意见类型。第 (2) 列中，集团共同审计（Common_firm）与审计费用（Cost）的回归系数为 0.002，但在统计上并不显著，表明集团在聘用共同审计师时，没有通过增加审计费用的方式购买集团上市公司的审计意见，进一步夯实了本书共同审计师治理功能的结论。

同时，本书还从企业集团整体层面检验了集团聘用共同审计师比例（SCommon_firm）对集团审计质量及审计费用的影响。本书使用集团加权非标审计意见（SMAO）作为集团审计质量的替代变量，计算公式如下：

$$SMAO = \sum_{i=1}^{n} MAO/n \qquad 公式（4-1）$$

其中，n 为企业集团内上市公司的数量，$SMAO$ 的取值越大，表示集团内上市公司被出具"非标"审计意见的数量越多，审计质量越好。

此外，本书以集团上市公司审计费用之和的对数值表示集团审计费用（Scost）。

表 4-13 的结果显示，随着企业集团聘用共同审计师的比例增加，并没有产生收买审计师的行为，其审计质量也没有显著降低，从集团整体层面排除了聘用共同审计师的收买动机。

表4-13 集团共同审计比例影响因素——收买动机

变量	(1) SMAO(集团加权非标意见)	(2) Scost(集团审计费用)
SCommon_firm	0.005 (0.68)	0.070 (1.32)
Ssize	-0.016*** (-5.37)	0.639*** (29.52)
Slev	0.203*** (6.20)	-1.093*** (-4.52)
SROA	-0.216 (-1.57)	-0.598 (-0.54)
SSOE	-0.017** (-2.27)	-0.012 (-0.23)
Sgrowth	0.000 (0.70)	0.000 (1.55)
Sloss	0.076*** (4.79)	0.044 (0.41)
Scurrentratio	0.012*** (2.95)	-0.038** (-2.01)
Constant	0.348*** (5.88)	0.116 (0.26)
Year	Yes	Yes
N	2544	2544
adj. R2	0.107	0.410

注：括号内数值表示T（Z）统计值；***、**分别表示在1%、5%的统计水平上显著；标准误差按集团Cluster进行了处理。

第五节 稳健性测试

本书对集团共同审计影响因素的结论做了如下稳健性测试:

(1) 替换上述主回归的因变量,使用不同共同审计师定义对结论重新进行回归。

(2) 以拥有共同审计师的上市公司为样本组,使用倾向得分匹配法(PSM)按1:1的比例匹配非本集团中没有共同审计师的上市公司,并利用匹配之后的样本对主结论重新进行回归。

(3) 将主回归的因变量滞后一期充当控制变量。

(一) 变更共同审计师定义

使用上述不同共同审计师定义,在同一集团下,存在至少一家事务所同时审计两家或以上上市公司,则将该集团认定为拥有共同审计师的集团(本书共同审计师定义2)。在同一集团下,有两家或以上上市公司使用了同一家会计师事务所的同一名审计师,则将这类上市公定义为集团共同审计(本书共同审计师定义3)。表4-14和表4-15报告了使用这两类共同审计师定义的实证结果,可以看出,除集团上市公司是否聘用"四大"会计师事务所(Big4)与集团共同审计替代变量(Common_group/Common_auditor)的回归系数不显著之外,集团上市公司产权性质(SOE/SSOE)以及集团上市公司数量(N)都与集团共同审计变量(Common_group/Common_auditor)正相关,且均在1%的统计水平上显著;集团上市公司两权分离度(Seperation)与集团共同审计(Common_group/Common_auditor)负相关,且在5%的统计水平上显著,与本书主结论的回归基本保持一致。

表4-14　　稳健性测试——变更共同审计师定义

变量	(1)	(2)	(3)	(4)	(5)	(6)	(7)	(8)
	Common_group				Common_auditor			
Seperation	-0.001	-0.015**			0.007	-0.006*		
	(-0.09)	(-2.34)			(0.92)	(-1.82)		
SOE	0.817***		1.501***		0.819***		1.018***	
	(4.20)		(9.21)		(4.28)		(5.77)	
Big4	-0.228			0.153	-0.490			-0.353
	(-0.88)			(0.66)	(-1.55)			(-1.08)
Size	-0.059	-0.061	-0.076	-0.069	-0.185**	-0.203***	-0.210***	-0.162*
	(-0.83)	(-0.99)	(-1.20)	(-1.07)	(-2.12)	(-2.67)	(-2.75)	(-1.87)
Lev	-0.001	0.133	0.071	0.129	0.072	0.125	0.117	0.057
	(-0.00)	(0.42)	(0.22)	(0.41)	(0.20)	(0.36)	(0.33)	(0.16)
ROA	1.101	0.767	1.150	0.632	0.907	0.540	0.832	0.464
	(1.16)	(0.90)	(1.37)	(0.74)	(0.89)	(0.56)	(0.84)	(0.47)
Mb	0.680**	0.485	0.357	0.440	1.030***	1.008***	0.939***	0.933**
	(2.10)	(1.61)	(1.20)	(1.46)	(2.86)	(2.85)	(2.68)	(2.55)
Age	0.247**	0.373***	0.258**	0.355***	0.092	0.159	0.082	0.156
	(2.20)	(3.68)	(2.53)	(3.55)	(0.74)	(1.35)	(0.70)	(1.31)
Growth	0.050	0.008	0.067	0.010	0.136*	0.130*	0.154**	0.128*
	(0.66)	(0.14)	(1.04)	(0.16)	(1.93)	(1.89)	(2.23)	(1.86)
Board	1.048***	1.405***	1.020***	1.382***	0.481	0.728**	0.485	0.731**
	(3.14)	(4.57)	(3.09)	(4.47)	(1.36)	(2.08)	(1.38)	(2.09)
Indep	1.876*	1.178	0.995	1.360	-2.539*	-2.615*	-2.731**	-2.457*
	(1.75)	(1.15)	(0.92)	(1.34)	(-1.95)	(-1.91)	(-2.09)	(-1.81)
Dual	0.075	-0.218	-0.045	-0.230	0.179	0.026	0.164	0.038
	(0.40)	(-1.37)	(-0.26)	(-1.46)	(1.05)	(0.15)	(0.96)	(0.22)
Payway	0.087	-0.350***	-0.116	-0.355***	-0.156	-0.338***	-0.207*	-0.352***
	(0.70)	(-3.22)	(-1.03)	(-3.26)	(-1.27)	(-2.74)	(-1.71)	(-2.83)

续表

变量	(1)	(2)	(3)	(4)	(5)	(6)	(7)	(8)
	Common_group				Common_auditor			
Acshare	0.004	0.016***	0.004	0.016***	0.006	0.012**	0.003	0.009**
	(0.82)	(3.87)	(0.96)	(4.47)	(1.35)	(2.92)	(0.81)	(2.53)
Sameind	0.562***	0.890***	0.800***	0.897***	0.276*	0.374***	0.298**	0.396**
	(3.92)	(6.75)	(5.89)	(6.98)	(1.85)	(2.60)	(2.11)	(2.78)
Constant	-6.178***	-3.859***	-3.662***	-3.702***	-0.878	0.048	0.119	-0.798
	(-4.08)	(-2.78)	(-2.68)	(-2.59)	-0.878	0.048	0.119	-0.798
Year/Industry	Yes	Yes	Yes	Yes	Yes	Yes	Yes	Yes
N	5811	5811	5811	5811	5696	5696	5696	5696
adj. R2	0.243	0.058	0.112	0.056	0.071	0.042	0.059	0.043

注：括号内数值表示 T（Z）统计值；***、**、* 分别表示在1%、5%和10%的统计水平上显著；标准误差按公司 Cluster 进行了处理。

表4-15　　　　稳健性测试——替换因变量

变量	(1)	(2)	(3)	(4)
	SCommon_group[①]		SCommon_auditor[②]	
SSOE	0.262***		0.119***	
	(11.58)		(7.98)	
N		0.074***	*	0.023***
		(11.96)		(9.69)
Ssize	0.023**	0.006	-0.018***	-0.020***
	(2.57)	(0.67)	(-3.39)	(-3.82)
Slev	-0.252***	-0.240***	-0.050	-0.056
	(-3.11)	(-3.00)	(-0.94)	(-1.03)

① 根据集团上市公司资产加权值计算的集团内使用共同审计师的比例。
② 根据集团上市公司资产加权值计算的使用同一审计师的比例。

续表

变量	(1)	(2)	(3)	(4)
	SCommon_group		SCommon _auditor	
SROA	-0.414	-0.371	-0.279	-0.310
	(-1.43)	(-1.29)	(-1.44)	(-1.56)
SQ	-0.021*	-0.046***	-0.014*	-0.023***
	(-1.71)	(-3.76)	(-1.73)	(-2.74)
Sgrowth	0.000	-0.000	0.000	0.000
	(0.78)	(-0.15)	(1.26)	(0.85)
Constant	-0.127	0.291	0.428***	0.515***
	(-0.67)	(1.55)	(3.85)	(4.70)
Year	Yes	Yes	Yes	Yes
N	2507	2507	2507	2507
adj. R2	0.078	0.097	0.034	0.026

注：括号内数值表示 T（Z）统计值；***、**、* 分别表示在 1%、5% 和 10% 的统计水平上显著；标准误差按集团 Cluster 进行了处理。

此外，为探究集团共同审计的公司治理机制，本书手工搜集了集团总部共同审计师数据，并进一步探究了子公司与集团总部共享审计师的情况。在逻辑上，子公司与母公司共享审计师时，共同审计师更多地发挥了"信息传递"功能；而子公司之间共享审计师时，共同审计师主要发挥了"信息整合"功能。本书将与集团总部使用同一会计师事务所的集团上市公司定义为母子公司共同审计（Link）。

由于母公司多为非上市公司，其审计师及事务所数据大量缺失，本书在搜集及定义时，对母子公司共同审计进行了如下处理：

样本只精确到会计师事务所层面，且剔除了金融企业样本。样本中，所有非上市集团总部均无强制变更事务所的义务。

（1）如滞前（后）样本缺失，且没有证据表明母公司变更会计师事务所，缺失样本将沿用后（前）一年度的事务所。

例：云南锡业集团有限责任公司，2013 年事务所数据缺失，但 2012 年和 2014 年的会计师事务所为瑞华会计师事务所（特殊普通合伙），在公司披露中未提及事务所变更的情况下，本书将该集团 2013 年的会计师事务所认定为瑞华会计师事务所（特殊普通合伙）。

（2）如滞前（后）样本缺失，但没有证据表明母公司变更会计师事务所，且子公司在以前（后）年度并未变更起事务所，表明集团在以前（后）年度没有变更事务所的意向。此时，缺失样本沿用后（前）一年度事务所。

例：云南锡业集团有限责任公司，2016 年事务所数据缺失，但其 2015 年的会计师事务所为瑞华会计师事务所（特殊普通合伙），且其两个子公司"贵研铂业"和"锡业股份"自 2014—2015 年以来的会计师事务所均为瑞华会计师事务所（特殊普通合伙），并无发生变更。则认为云南锡业集团在以前年度无变更事务所意向，本书将该集团 2016 年的会计师事务所认定为瑞华会计师事务所（特殊普通合伙）。

（3）如上市公司的实际控制人为自然人、政府资管机构以及学校等非企业组织，本书以下一层级的实际控制人为基准，寻找其审计师事务所。

例：清华大学为实际控制人的上市公司，本书从其控制链条上往下推一级，以清华控股有限公司作为替代的实际控制人，并以此为基准寻找其会计师事务所。

（4）有少部分数据，无法获得其最高实际控制人的会计师事务所信息。但其所有子公司的次高实际控制人拥有事务所信息，本书将次高实际控制人的会计师事务所替代实际控制人的会计师事务所。

例：北京国俊投资集团的会计师事务所信息缺失，但其通过控制中国银泰投资有限公司控制样本中相应的全部子公司,此时本书将中国银泰投资有限公司的会计师事务所作为集团会计师事务所。

经过上述替代处理,一共得到了4526个样本观测值。

表4-16汇报了集团公司特征对母子共同审计(Link)聘用影响的结果。

表4-16 稳健性测试——共同审计师定义:母子共同审计师

变量	(1)	(3)	(4)	(6)
		Link		
Seperation	0.003	-0.013*		
	(0.37)	(-1.70)		
SOE	-0.085		0.159	
	(-0.36)		(0.73)	
Big4	-0.748**			-0.689**
	(-2.48)			(-2.36)
Size	0.107	0.083	0.090	0.178**
	(1.21)	(1.03)	(1.12)	(2.09)
Lev	-0.537	-0.434	-0.483	-0.608
	(-1.40)	(-1.15)	(-1.27)	(-1.59)
ROA	1.474	1.577	1.443	1.267
	(1.41)	(1.53)	(1.39)	(1.21)
Mb	0.883**	0.854**	0.790**	0.676*
	(2.40)	(2.36)	(2.19)	(1.87)
Age	0.313**	0.270*	0.243*	0.250*
	(2.07)	(1.92)	(1.72)	(1.79)
Growth	-0.013	0.013	0.024	0.009
	(-0.18)	(0.18)	(0.32)	(0.12)
Board	0.172	0.145	0.101	0.105
	(0.41)	(0.34)	(0.24)	(0.25)

续表

变量	(1)	(3)	(4)	(6)
	Link			
Indep	0.130	0.257	0.455	0.463
	(0.10)	(0.20)	(0.36)	(0.37)
Dual	0.206	0.142	0.146	0.147
	(1.00)	(0.68)	(0.70)	(0.71)
Payway	-0.043	-0.102	-0.077	-0.123
	(-0.32)	(-0.77)	(-0.58)	(-0.92)
Acshare	0.017***	0.011**	0.009*	0.015
	(3.37)	(2.03)	(1.86)	(0.97)
Sameind	0.304*	0.502***	0.347**	0.213*
	(1.83)	(3.92)	(2.21)	(1.94)
Constant	-5.514***	-4.202***	-4.406***	-5.975***
	(-3.22)	(-2.58)	(-2.69)	(-3.49)
Year/Industry	Yes	Yes	Yes	Yes
N	4526	4526	4526	4526
adj. R2	0.047	0.031	0.030	0.034

注：括号内数值表示 T（Z）统计值；***、**、* 分别表示在 1%、5% 和 10% 的统计水平上显著；标准误差按公司 Cluster 进行了处理。

可以看出，集团两权分离度（Seperation）以及是否聘用"四大"会计师事务所（Big4）与母子公司共同审计师指标（Link）负相关，且分别在 10% 和 5% 的统计水平上显著，此外，集团上市公司产权性质（SOE）与母子公司共同审计（Link）正相关；说明共审计师的聘用动机主要是为了加强集团总部与成员上市公司的信息沟通及交流，进一步夯实了本章的结论。

（二）倾向得分匹配法

企业集团内部拥有多家上市公司，其中若干家上市公司聘用共同审计师而其余公司使用独立审计师可能是集团基于内生因素的考虑，为了排除在某集团内由于该集团的不可见特征的导致部分上市公司聘用共同审计的替代解释，并为进一步增加本书结论的可信度，本书以拥有共同审计师的上市公司为样本组，使用倾向得分匹配法（PSM）按 1:1 的比例匹配非本集团中没有共同审计师的上市公司，并利用匹配之后的样本对主结论重新进行回归。这样跨集团的对比可以较好地排除同一集团内部因素对上市公司聘用共同审计师的干扰。

如表 4-17 所示，回归结果与上文的结论依旧保持一致。其中集团上市公司两权分离度（Seperation）与集团共同审计变量（Common_firm）负相关，且在 5% 的统计水平上显著；而集团上市公司产权性质（SOE）与集团共同审计（Common_firm）正相关且在 1% 的水平上显著。此外，虽然集团上市公司是否聘用"四大"（Big4）的回归结果在统计上不限制，但其回归系数为负，较好地论证了本书的主要结论。

表 4-17　　　　稳健性测试——倾向得分匹配法

变量	(1)	(3)	(4)	(6)
	Common_firm			
Seperation	0.012 (1.31)	-0.017** (-2.35)		
SOE	0.829*** (3.87)		1.164*** (5.98)	
Big4	-0.312 (-1.19)			-0.153 (-0.61)
Size	-0.160** (-2.01)	-0.984 (-1.21)	-0.144** (-1.99)	-0.088 (-1.17)
Lev	0.491 (1.28)	0.520 (1.35)	0.300 (0.82)	0.205 (0.56)

续表

变量	(1)	(3)	(4)	(6)
	\multicolumn{4}{c}{Common_firm}			
ROA	1.472	2.228**	1.417	0.986
	(1.52)	(2.10)	(1.49)	(1.02)
Mb	0.815**	0.654*	0.809**	0.807**
	(2.20)	(1.73)	(2.31)	(2.29)
Age	0.420***	0.425***	0.358***	0.434***
	(3.22)	(3.29)	(2.93)	(3.50)
Growth	0.171**	0.147*	0.182**	0.119
	(2.00)	(1.78)	(2.28)	(1.49)
Board	1.111***	1.335***	1.112***	1.289***
	(3.05)	(3.73)	(3.10)	(3.65)
Indep	1.118	0.944	0.481	0.718
	(0.91)	(0.79)	(0.39)	(0.61)
Dual	0.102	−0.117	0.089	−0.096
	(0.49)	(−0.56)	(0.44)	(−0.48)
Payway	0.121	−0.088	0.038	−0.109
	(0.81)	(−0.62)	(0.27)	(−0.79)
Acshare	0.004	0.010**	0.012**	0.005
	(0.85)	(2.06)	(2.97)	(1.18)
Sameind	0.512***	0.559***	0.600***	0.533***
	(3.25)	(3.61)	(3.92)	(3.45)
Constant	−4.085**	−3.690**	−3.102*	−3.819**
Year/Industry	Yes	Yes	Yes	Yes
N	1929	1929	1929	1929
adj. R2	0.111	0.069	0.090	0.062

注：括号内数值表示 T（Z）统计值；***、**、* 分别表示在1%、5%和10%的统计水平上显著；标准误差按公司 Cluster 进行了处理。

(三) 控制因变量滞后项

在集团上市公司层面,为排除可能因其他不可见因素对集团上市公司聘用共同审计师的影响,本书将因变量滞后一期(LCommon_firm),并放入控制变量中,并对主要结论重新回归,结果如表4-18和表4-19所示,集团上市公司两权分离度(Seperation)和是否聘用"四大"会计师事务所变量与共同审计师(Common_firm)变量负相关,且两权分离度指标的回归系数在10%的统计水平上显著。此外,集团公司产权性质(SOE/SSOE)以及集团上市公司数量(N)与共同审计师(Common_firm)变量正相关,且均在1%的统计水平上显著。这与本章的主结论保持一致。

表4-18　　稳健性测试——控制因变量滞后项

变量	(1)	(2)	(3)	(4)
	Common_firm			
Seperation	0.008 (1.27)	-0.009* (-1.67)		
SOE	0.650*** (4.62)		0.757*** (5.86)	
Big4	-0.348 (-1.63)			-0.228 (-1.09)
LCommon_firm	4.195*** (33.15)	4.271*** (34.05)	4.219*** (33.39)	4.274*** (34.04)
Size	-0.119* (-1.88)	-0.128** (-2.22)	-0.133** (-2.32)	-0.092 (-1.48)
Lev	0.187 (0.60)	0.290 (0.96)	0.259 (0.86)	0.228 (0.74)
ROA	1.496 (1.40)	1.321 (1.22)	1.580 (1.47)	1.160 (1.08)

续表

变量	(1)	(2)	(3)	(4)
	\multicolumn{4}{c}{Common_firm}			
Mb	0.180	0.263	0.187	0.172
	(0.57)	(0.84)	(0.61)	(0.56)
Age	0.161	0.180*	0.132	0.171
	(1.53)	(1.72)	(1.28)	(1.63)
Growth	0.225**	0.205*	0.237**	0.205*
	(2.11)	(1.85)	(2.20)	(1.83)
Board	0.907***	1.055***	0.869***	1.054***
	(3.08)	(3.70)	(2.96)	(3.72)
Indep	-0.168	-0.038	-0.122	0.193
	(-0.16)	(-0.04)	(-0.12)	(0.18)
Payway	-0.050	-0.195*	-0.065	-0.210*
	(-0.43)	(-1.76)	(-0.57)	(-1.89)
Acshare	0.008**			
	(2.20)			
Sameind	0.343***			
	(2.66)			
Constant	-3.078**	-2.489*	-2.404*	-3.262**
	(-2.09)	(-1.77)	(-1.74)	(-2.19)
Year/Industry	Yes	Yes	Yes	Yes
N	4453	4453	4453	4453
adj. R2	0.087	0.036	0.057	0.036

注：括号内数值表示 T（Z）统计值；***、**、* 分别表示在1%、5%和10%的统计水平上显著；标准误差按公司 Cluster 进行了处理。

表4-19 稳健性测试——控制因变量滞后项（集团层面）

变量	(1)	(2)	(3)
	SCommon_firm		
SSOE	0.091***	0.097***	
	(5.11)	(5.47)	
N	0.013***		0.015***
	(3.77)		(4.30)
LSCommon_firm	0.592***	0.598***	0.604***
	(38.36)	(39.22)	(40.58)
Ssize	-0.013*	-0.006	-0.005
	(-1.91)	(-0.92)	(-0.76)
Slev	-0.089	-0.101*	-0.111*
	(-1.52)	(-1.72)	(-1.89)
SROA	0.062	0.018	-0.053
	(0.32)	(0.09)	(-0.27)
SQ	-0.021**	-0.018**	-0.024***
	(-2.52)	(-2.20)	(-2.77)
Sgrowth	0.011	0.015	0.007
	(0.54)	(0.77)	(0.35)
Constant	0.402***	0.275*	0.303**
	(2.73)	(1.95)	(2.10)
N	2148	2148	2148
adj. R2	0.459	0.456	0.452

注：括号内数值表示T（Z）统计值；***、**、*分别表示在1%、5%和10%的统计水平上显著；标准误差按公司Cluster进行了处理。

第六节 本章小结

作为交易成本较高时替代市场交易的组织形式,企业集团凭借着自身的信息优势(Williamson,1979;Gertner et al.,1994;Stein,1997)、融资优势(Khanna and Yafeh,2007)、资源配置优势(Williamson,1975;Stein,1997)以及避税优势在新兴市场中得到广泛发展。然而,随着集团规模的扩大以及市场环境的改善,企业集团中的双重代理问题及所导致的集团机会主义和成员公司寻租问题日益凸显,因而如何应对并克服代理问题、提升集团效率是当前有关集团研究的重点。

在外部审计治理的基础上,相对于单独审计,审计师同时审计企业集团内多家上市公司,出于集团内部上市公公司的业务协同,共同审计师能够降低获取相关信息的成本,进一步地,共同审计师通过审计相互关联的上市公司能够从整体层面获取更多集团相关信息,因而能够更清楚地识别企业集团内部的资金分配的方向与目的,审计效率的提升增加了集团内上市公司进行机会主义行为的成本。其次,共同审计师能够帮助集团的实际控制人掌握更多的子公司信息,且相比于聘用多家事务所,统一审计提供的信息更具可比性,直接降低了集团实际控制人与子公司之间的代理成本,同时增加了子公司寻租的难度。因此,企业集团是否聘用共同审计师是提升集团价值、促进集团发展的重要影响因素之一。

因此,本章从集团共同审计的视角,基于共同审计师所能提供的信息收集及整合优势,考察企业集团为降低代理问题及信息不对称成本,是否会聘请同一会计师事务所或审计师对其多家上市公司进行审计。研究发现:

(1)从降低代理成本视角,集团上市公司的控制权越低、所有权越高以及其产权性质为国有企业时,其聘用共同审计师的可能性越高。

(2)从增加信息可比性视角,企业集团中上市公司数量越多以及聘用的审计师能力越低时,其更有动机聘请共同审计师。

(3)分组研究中,当集团上市公司注册地制度环境较差、多元化程度较高时,上述因素对集团是否聘请共同审计师的影响更加显著。

(4)进一步研究表明,共同审计能够提升集团上市公司的审计质量,排除了企业集团为收买审计意见而聘用共同审计的替代解释。

(5)将本章共同审计师的定义扩充至集团层面、审计师个人层面以及集团总部与上市公司共享审计师层面,上述因素对集团聘请共同审计师的影响不变。

本章的结论不仅论证了企业集团对于共同审计的具体需求,拓宽了集团决策行为及审计师聘用的研究范畴,还为我国企业集团的发展及自发的内部优化行为提供了研究思路。

第五章
集团共同审计的监督效应

第一节 理论分析与研究假设

以往研究中,有关集团非效率的观点认为,企业集团当中既存在集团内部与外部投资者间的一重代理,又存在集团公司与成员部门的一重代理,由此形成的双重代理问题是造成其内部资本市场失效的重要因素(Scharfstein and Stein, 2000;杨锦之等, 2010)。在此基础上,企业集团中,成员公司管理层为了获取等多的收益,有动机通过非效率投资(Zhang and Chen, 2013)、关联交易(陈艳利等, 2014)、隐藏上市公司信息甚至进行会计舞弊等行为对集团资产进行侵占,加剧了集团内部的代理问题,进而降低了内部资本市场的运行效率(Shcarfstein, 1998;Wang and Ye, 2014),且随着集团总部对成员上市公司的控制缺失,集团中的信息传导效应越差,其财务风险和市场风险显著提升(纳鹏杰等, 2017)。

从共同审计师及其"外溢效应"影响视角,同时审计多家相互关联公司的审计师可以从更多的渠道获取上市公司以及关联集团的整体信息,相互印证,使审计师对被审公司更加了解。并且,由于关联公司间的业务相似性,审计师也更容易增加审计经验和效率,从而有利于审计质量的提升与提高对集团上市公司的监督。为论证共同审计对集团代理成本及信息不对称的降低效果,本章从集团上市公司会计舞弊及薪酬业绩敏感性两方面进行验证。

在会计舞弊层面：从以往有关上市公司会计舞弊的研究中可以看出，产生会计舞弊的根本原因在于股东与管理层之间的代理问题及信息不对称。由于管理层与股东的利益不完全一致，为实现自身收益最大化，管理层有动机通过各种方式实施舞弊行为，而信息不对称则使上市公司所有者的监管成本较高，在均衡结果下，监管成本的提升扩大了管理层进行会计舞弊的损失。

在舞弊具体的实施过程中，大多数研究都集中于管理者的直接动机以及上市公司为这类机会主义行为提供的途径两方面。企业集团中，管理者进行会计舞弊动机的主要来源于个人及企业两个层面，个人层面上，管理者的贪婪、自利等个体特质是诱发舞弊行为的直接因素（Bologn et al., 1993），当管理者的努力与预期的回报不匹配时，其采用违规行为进行会计舞弊，以期从非正常途径获取收益的可能性就越大。这类特征在企业集团层面可能会被放大。究其原因，一方面由于企业集团复杂控制结构导致的信息传递效率相对低下，相比于独立上市公司，集团实际控制人很难获取有关成员上市公司的真实有效信息，这使总部难以根据上市公司的实际情况分配资源，即上市公司管理层的努力程度难以被总部所识别，进而加剧了努力与回报的不匹配程度；另一方面，相比于独立公司，集团内的复杂结构使总部与成员上市公司间的代理问题更加严重，这会加剧上市公司管理人员的机会主义行为（Scharfstein and Stein, 2000; Zhang and Chen, 2014），此外，信息不对称程度的加剧也为上市公司管理层进行会计舞弊提供了便利条件，这是由于会计舞弊的成本降低会使上市公司管理层通过会计舞弊获取的边际收益增加，改变了管理层在公司治理以及会计舞弊之间的时间分配，导致管理层权衡成本与收益时，更偏向使用会计舞弊的方法获取资源。

相比于集团上市公司单独审计，本书认为聘用共同审计师能够降低集团上市公司的会计舞弊行为，原因如下：首先，共同审计师对于集团内部双重代理问题的缓解作用更加明显。区别于独立上市公司，集团内部的双重代理问题主要源自其多层级控制结构，各层级之间的利益需求均不一致，导致总部对上市公司的监管困难。在单一上市公司进行审计时，审计师的监督作用能够降低股东与管理层之间的代理成本，但在集团内部，上市公司与集团总部间的代理问题无法通过上市公司单一审计得到解决；与之不同的，共同审计师能够整合多家上市公司之间的信息，跨层级地对多家上市公司进行监督，其不仅能够提高单一上市公司中的监督效率，当集团上市公司处于控制链上下级或互为关联公司时，使用同一家会计师事务所能够弥补单独审计无法传递公司间信息的缺点，进而缓解这一类公司之间的代理问题，降低集团整体的代理冲突。其次，共同审计师能够降低集团总部与上市公司之间的信息不对称。作为多家集团上市公司的信息搜集方，共同审计师能够跟踪上市公司间的关联交易、资金流动，为集团总部提供更为真实可靠的信息；且由于共同审计师的"外溢效应"，在同一集团内多家关联上市公司中的审计知识能够显著提高审计师对于目标公司的信息解读能力。最后，在对上市公司管理层的影响方面，集团共同审计即能够通过增加总部对特定上市公司的了解，进而提高其资金分配效率，使上市公司管理层的公司治理水平得到相应的提高；又能通过缓解总部与上市公司间的代理问题，加强总部对于上市公司管理层的监督，增加其舞弊成本，最终降低上市公司管理层的会计舞弊行为。

因此，本书提出假设 H5-1-1：

假设 H5-1-1：相对于独立审计，集团共同审计能够降低成员公司的会计舞弊行为。

薪酬业绩敏感性也是反映公司代理问题的重要指标，较高的薪酬业绩敏感性表示企业对高管的激励得到了预期的回报，表明公司股东与管理层的信息沟通良好，代理问题较低，而薪酬业绩敏感性降低则表示企业的薪酬体系运作效率下降，表示公司的代理成本较高。以往研究中，有关上市公司薪酬业绩敏感性影响因素的研究多集中于资本结构、外部环境、产权性质以及内部治理等因素,并认为,随着股东直接控制权增加、债权人约束条件减少、内外部治理效率提升以及管理层的非经济属性降低,上市公司的薪酬业绩敏感性会随之提升。相比于独立公司,企业集团在控股结构以及内部治理两方面具有明显差异。在控股结构方面,企业集团由总部通过多层级控制着上市公司,而随着控制链条的增加,总部与上市公司间的代理问题及信息不对称程度也随之增加,使集团总部难以判断上市公司的真实业绩,进而为各上市公司的管理层制定相应的薪酬(刘慧龙,2017)。此外,基于代理理论视角,由于子公司的利益与集团并不完全一致,因而使其高管人员有进行机会主义行为的动机,企业集团中成员上市公司高管的机会主义或"寻租"行为的最终结果会导致成员公司不完全按照"经济导向"分配资源,而是按照自身的利益诉求或"租金获取"进行低效率的专有投资。而这类专有投资在满足成员公司经理人利益需求的基础上,使他们的回报并不完全依赖于其公司的经营业绩,造成了资源的错配。随着企业集团内部控制链条的增加,这类集团上市公司高管的机会主义及"寻租"行为难以被集团总部所察觉,进而加剧了上市公司中高管薪酬与企业业绩的错配程度。

而从内部治理方面,相比于独立公司,集团上市公司管理层能够相对独立地对公司的生产经营行为进行决策,但其薪酬则是由集团总部统一调配发放。以往研究表明,由于集团内各公司间的关联交易以及较差补贴,模糊了集团上市公司业绩的真实情形,进而使总部无法精确按照各公司实际水平制定薪酬方案,最终也造成了上市公司薪酬与业绩的不匹配(潘红波和余明桂,2014)。

相比于单独审计的上市公司,集团共同审计的使用能够从全局层面了解集团内上市公司的状况与行为,降低其机会主义及"寻租"行为的成本,同时,共同审计有助于在多家上市公司内建立起统一的评判标准,使得集团总部加深对各成员公司经济效益的了

解,并根据更加有效的信息对成员公司进行激励及资源分配。据此,本书提出假设 H5-1-2:

假设 H5-1-2:相对于独立审计的集团上市公司,使用共同审计的集团上市公司管理层的薪酬业绩敏感性更高。

基于制度环境视角,公司舞弊行为一方面受制于公司内外部监督及治理机制,另一方面,很大程度上取决于公司所在地制度与法律保护的好坏。早期研究指出,环境因素对于公司的会计行为具有重大影响(Hoskisson and Hitt, 1990),在制度环境较差以及法律保护力度欠缺的地区,上市公司的会计舞弊得不到强有力的监管,其处罚成本较低,无法通过现有制度抑制公司的舞弊行为。并且,由于市场环境相对落后,信息在投融资市场中的传递效率较低,管理层通过努力而提升的公司经营能力状况难以被外界投资者完全获知,增加了管理层的努力成本,进一步诱使其通过会计舞弊行为获取资源。

在上市公司所处制度环境较差地区时,制度及法律环境对公司机会主义行为的抑制作用较低,导致公司会计舞弊更加频繁,因而对于作为第三方监督的审计需求更高,上述共同审计对于集团上市公司会计舞弊的治理效果也相应更强。而在制度环境较好时,较为完善的市场及法律制度能够有效发现并抑制公司舞弊行为,并且市场环境的优化也有利于管理层将上市公司的投机机会及发展潜力等有利信息传递给市场,减少其通过舞弊获取资源的动机。在这种情况中,共同审计师对公司舞弊的抑制作用部分被制度环境所替代,因而相对于制度环境较好地区,集团共同审计抑制成员公司会计舞弊的效果在制度环境较差地区更明显。据此,本书提出假设 H5-2-1:

假设 H5-2-1:相对于制度环境较好地区的集团上市公司,共同审计对会计舞弊行为的抑制作用在制度环境较差集团上市公司中更显著。

同时，已有研究已表明外部环境也是影响企业薪酬业绩敏感性的重要因素，从代理理论视角，随着外部市场及法律环境的优化，集团上市公司机会主义的处罚成本增加，这使上市公司高管的薪酬获取由"租金导向"转为"经济导向"，即高管人员更愿意通过提升上市公司业绩来增加薪酬，修正了总部派发的薪酬与集团上市公司业绩之间的背离。此时，集团共同审计对上市公司高管的监督效应被削弱，其治理效果可能不明显。

然而，在制度环境较差地区，集团上市公司受外部监督程度较低，法律环境对投资者的保护力度不足，可能加剧成员公司为达到自身目的机会主义行为。且基于市场制度恶化所增加的集团上市公司间关联交易，使集团总部更难识别各上市公司的实际状况，进而无法准确地以及各公司业绩分配薪酬，最终造成集团上市公司中高管薪酬业绩敏感性的下降。而集团共同审计的采用能够较好地弥补由外部制度环境所带来的监管缺失，相比于单独审计，共同审计的信息搜集及整理优势能够显著提升其对成员上市公司的监督效率，而共同审计师的信息覆盖范围优势又能给集团总部提供有关上市公司层面的真实可靠信息，进而从上市公司和集团总部两方面同时抑制高管的机会主义行为，并最终体现为上市公司薪酬业绩敏感性的提升。

据此，本书提出假设 H5-2-2：

假设 H5-2-2：相对于地处制度环境较好区域的集团上市公司，共同审计对薪酬业绩敏感性的促进作用在地处制度环境更差的集团上市公司中更显著。

此外，从审计师视角出发，共同审计师所发挥的增量效果与每家上市公司所聘用审计师的专业能力相关。相比于独立公司，集团上市公司中会计舞弊行为治理的核心在于从集团整体层面对各上市公司行为进行监督，在这一前提下，较之单独审计，共同审计师最大的特点是能够为集团总部提供上市公司真实、完整的生产经营状况信息。若集团上市公司所聘用的会计师事务所的规模较大,专业能力较强,其在审计单一成员公司时,可能已具备一定的信息搜集及处理能力,能够对客户公司的会计舞弊行为进行有效地抑制,此时共同审计师所体现出的增量监督效应较弱。且随着事务所规模的扩大,处于声誉考虑,其有动力提供高质量的审计报告以抑制上市公司的机会主义行为(Bengtson,1975;Watts and Zimmerman,1986;漆江娜等,2004;王兵等,2009)。

而当集团上市公司所聘有的审计师专业能力较弱时,在内有其他关联公司信息来源的情况下,审计师很难判断上市公司的真实交易及获利情况,进而识别出上市公司的会计舞弊行为;此时,将各集团上市公司联系在一起的共同审计师更能够发挥其监管优势,进而降低公司舞弊行为。基于此,本书提出假设 H5-3-1:

假设 H5-3-1:相对于聘用"四大"的集团上市公司,共同审计对会计舞弊行为的抑制作用在聘用"非四大"的集团上市公司中更显著。

从审计师专业能力角度,规模更大、专业能力更强的事务所,其对于集团上市公司的治理效应越强。此外,在不审计其他关联公司的情况下,能力较强、规模较大的事务所对于集团上市公司间的关联交易及利润转移有一定的识别能力,对上市公的真实业绩有较为准确的判断,能够为高管薪酬的制定方提供更加真实的公司业绩信息。此时,通过集团共同审计对上市公司监督及对集团提供信息的增量贡献更高。但当集团上市公司所聘用的审计师专业能力较弱时,审计单一上市公司可能难以对高管的机会主义及"寻租"行为进行有效抑制,且在没有其他关联公司信息来源的情况下,很难判断集团上市公司真实的业绩状况,并将这些信息传递给集团总部。此时,将各集团上市公司联系在一起的共同审计师更能够发挥其监管和信息搜集优势,进而能更有效地提升集团上市公司的薪酬业绩敏感性。基于此,本书提出假设 H5-3-2:

假设 H5 -3 -2：相对于聘用"四大"事务所的集团上市公司，共同审计对薪酬业绩敏感性的促进作用在聘用"非四大"事务所的集团上市公司中更显著。

最后，企业集团中，双重代理问题是上市公司进行会计舞弊的根本原因，而信息不对称则为舞弊行为提供了途径。在企业集团中，由于各成员上市公司分布较广，其信息不对称程度要远超独立公司。基于基金经理（Coval and Moskowitz, 2001; Ivkovic and Weisbenner, 2005）、外部投资者（Garmaise and Moskowitz, 2004）以及银行（Petersen and Rajan, 2002）视角，以往研究表明，地理距离对于公司及部门之间的资源分配以及交易效率具有直接的影响。当成员上市公司的地理位置距离集团总部所在地越远时，阻碍了集团在总部对于成员公司信息的收集，不利于总部人员对成员公司的实地考察，降低了集团对于各上市公司"软信息"的搜集与整合（Sumit and Robert, 2010），不仅增加了总部对于成员公司的监督成本，并阻碍了集团按照上市公司的真实情况进行资金分配。在这种情况下，集团上市公司会更倾向通过会计舞弊的方式以虚假信息获取公司或个人资源，并利用距离特征对这些信息加以隐瞒。

共同审计师的存在为集团的跨地区信息搜集提供了便利，相比于单独审计，当多家集团上市公司使用同一会计师事务所时，不同公司间的进行的关联交易、资金流动等行为不会因为地理距离相距较远而难以被审计师获知，增加了上市公司进行信息隐瞒的成本，进而能够显著降低其会计舞弊行为。而相比之下，距离总部地理位置较近的上市公司，基于总部人员派遣及信息获取的便利性，这类公司的受总部的监管更严格，其舞弊行为也相应更少。

据此，本书提出假设 H5 -4 -1：

假设 H5 -4 -1：相对于距离总部位置较近的集团上市公司，共同审计对会计舞弊行为的抑制作用在距离总部位置较远的集团上市公司中更显著。

集团上市公司距离总部的地理位置是影响二者之间代理问题及信息不对称程度的重要因素（Sumit and Robert, 2010）。随着上市公司与集团总部之间的距离增加，阻碍了总部与上市公司间的信息交流，不利于总部管理人员对上市公司的实力考察与对各上市公司"软信息"的搜集与整合，不利于集团依据上市公司的真实情况进行资金分配。而基于企业集团特殊的薪酬激励体系，各上市公司高管的薪酬受到集团总部决策的影响，地理位置的增加可能会弱化上市公司高管薪酬与公司实际业绩的匹配程度。此外，从上市公司视角，当集团上市公司距离集团总部较远时，较高的监督成本及调研成本加剧了其机会主义及"寻租"行为，并且使集团上市公司通过公司间的关联交易等行为产生的虚假业绩难以被总部察觉，进而可能扩大公司高管薪酬获取与公司业绩的偏离程度。

基于集团共同审计的监督及信息传递优势，当多家集团上市公司使用同一会计师事务所时，同一集团内上市公司间的关联行为能够被审计师获知，且由于同一会计师事务所中信息及审计方法的共享，使上市公司与总部之间的距离不构成对审计师信息搜集的干扰，进而能够使集团总部通过共同审计师获取上市公司业绩的真实情况。同时，由于共同审计师"监督"的外溢效应，其对集团上市公司的监督力度更强，监督效率较单独审计时更高，也更能够抑制上市公司高管的机会主义行为，进而规范企业集团的薪酬激励模式。据此，本书提出假设 H5-4-2：

假设 H5-4-2：相对于距离总部位置较近的集团上市公司，共同审计对薪酬业绩敏感性的促进作用在距离总部位置较远的集团上市公司中更显著。

第二节 研究设计

一、样本和数据

本书通过手工搜集的中国 2005—2017 年集团上市公司数据为研究样本，相关财务数据来自国泰安数据库以及万德数据库。本书对样本进行了如下处理：①剔除了金融类公司样本；②剔除了无法区分是否拥有共同审计师的样本；③剔除了变量缺失的样本；④对所有连续变量进行了上下各 1% 的 winsorise 处理。经过上述处理，本章有关集团上市公司会计舞弊的样本观测值共 6296 个，有关薪酬业绩敏感性的样本观测值共 6400 个。

二、变量定义

集团上市公司与上述集团上市公司共同审计师的定义一致，至少两家（或以上）上市公司被同一最终控制人所控制，本书将其定义为同一企业集团的成员公司。

集团共同审计（Common_firm）：若同一集团内，有两家（或以上）的上市公司使用了同一会计师事务所，则将这些集团上市公司定义为集团共同审计公司。

此外，在稳健性检验中，依旧引入拥有共同审计师的企业集团（Common_group）、个人层面上的集团共同审计师（Common_auditor）以及集团母子公司共享审计师（Link）等定义。

会计舞弊（Fraud）：样本区间内，以证监会、上交所、深交所及财政部公告中披露上市公司财务舞弊的发生年度为基准，若集团上市公司当年发生舞弊，则该变量取 1，否则为 0。

高管薪酬（Pay）：参照方军雄（2012）、马德林和杨英（2015）

以及柴才等（2017）的研究，使用集团上市公司高管薪酬总和的对数值表示。

集团上市公司业绩（ROA）：由于托宾 Q 等指标可能受到市场股价波动的影响，不能较好地衡量上市公司的实际业绩水平，本书使用总资产收益率（ROA）来衡量公司业绩。

其余控制变量定义见表 5-1：

表 5-1　　变量符号及定义（集团共同审计监督功能）

变量	变量定义及描述
Fraud	集团上市公司会计舞弊变量，若上市公司当年发生会计舞弊则取 1，否则为 0
Pay	集团上市公司高管薪酬，以上市公司高管薪酬总和的对数值计算
Common_firm	集团统一审计变量，所有 A 股集团上市公司，若集团内至少两家公司聘用同一家会计师事务所，则该变量取 1，否则取 0
Size	集团上市公司的规模，为公司总资产的对数值
Lev	集团上市公司的负债比率
ROA	集团上市公司的总资产收益率
Board	集团上市公董事会结构变量，以董事会人数的对数值表示
Indep	集团上市公司独立董事比例，为独立董事人数与董事会总人数的比值
Growth	集团上市公司营业收入增长率乘以 100
Age	集团上市公司上市年限的对数值
Dual	集团上市公司两职合一，若公司总经理和董事长由一人担任，则该变量取 1，否则为 0
Big4	会计师事务所虚拟变量，若集团上市公司聘请的事务所为国际四大，则该变量取 1，否则取 0
Share1	集团上市公司第一大股东持股比例乘以 100
PRT	集团上市公司关联交易总额与总资产的比值乘以 100

续表

变量	变量定义及描述
Index_dummy	依据《中国市场化指数报告2016版》市场化指数将各地区分为制度环境高于制度环境低两组,当集团上市公司注册地制度环境较高时,该变量取1,否则为0
Province	集团上市公司地理位置指标,若集团上市公司注册地与集团总部在同一省份则取1,否则为0

三、检验模型

为验证 H5-1-1：本书使用模型（5-1）进行回归。相比于单独审计，共同审计同一集团内的多家上市公司能够从整体层面了解上市公司的生产经营信息以及内部资金流动，进而能够对公司行为进行更准确的判断。一方面共同审计师能从同一集团中上市公司的关联方处获取企业较为完整的交易信息，降低了信息搜寻成本；同时，多方面相互关联的信息能够帮助审计师更好地对信息进行处理，降低了信息加工成本，最终有利于共同审计师对于集团上市公司的监督，并增加集团上市公司的舞弊成本。另一方面，共同审计师还能将上市公司整体层面的信息传递给集团总部，增加集团对上市公司的治理，并由此降低上市公司舞弊的概率。因而，集团共同审计司（Common_firm）应与上市公司会计舞弊（Fraud）显著负相关。

同时，本章在模型（5-1）的基础上，分制度环境、是否聘用"四大"及上市公司所处地理位置三个截面对主结论进行回归。当集团总部与其上市公司之间的信息不对称程度越大、治理环境越差以及审计师能力越弱时，集团共同审计对上市公司会计舞弊的治理作用应更强。因而，在集团上市公司注册地制度环境较差、聘用非"四大"会计师事务所以及所在地与集团总部不处于同一省份时，共同审计师对上市公司会计舞弊的抑制作用应更加显著。

$$Fraud = \beta_0 + \beta_1 * Common\_firm + \beta_2 * Size + \beta_3 * Lev + \beta_4 * ROA + \beta_5 * Board + \beta_6 * Indep + \beta_7 * Growth + \beta_8 * Age + \beta_9 * Dual + \beta_{10} * Big4 + \beta_{11} * Share1 + \beta_{12} * PRT + Year + Industry + \varepsilon$$

模型（5-1）

此外，为验证 H5-2-2，参考 Jensen and Mrphy（1990）以及 Gu et al.（2013）的做法，分别使用高管薪酬的变动额 ΔPay 以及公司财务业绩的变动值 ΔROA，通过模型（5-2），使用差分回归的方法验证集团共同审计对高管薪酬业绩敏感性的影响。从集团上市公司层面，共同审计师能够增强总部对成员公司的了解，且能从整体层面对成员公司的真实业绩情况加以了解。且相比于独立审计，集团共同审计能在多家成员公司内部建立统一的评判标准，增加成员公司间业绩的可比性，同时也有利于集团总部对成员公司制定统一的激励计划。此外，集团共同审计所发挥的监督作用，加大了成员公司进行机会主义及"寻租"行为的成本，使成员公司从"租金导向"转向"经济导向"，进而使成员公司业绩与高管人员激励更加匹配，因而，在模型中，交乘项 $Common\_firm * \Delta ROA$ 应与 ΔPay 显著正相关。

$$\Delta Pay = \beta_0 + \beta_1 * Common\_firm * \Delta ROA + \beta_2 * Common\_firm + \beta_3 * \Delta ROA + \beta_4 * Size + \beta_5 * Lev + \beta_6 * Board + \beta_7 * Indep + \beta_8 * Age + \beta_9 * Dual + \beta_{10} * Share1 + \beta_{11} * Growth + Year + Industry + \varepsilon$$

模型（5-2）

此外，本章在模型（5-2）的基础上，分制度环境、是否聘用"四大"及上市公司所处地理位置三个截面对主结论进行回归。且根据上述假设，集团共同审计对上市公司薪酬业绩敏感性的促进作用应在制度环境较差、公司聘用事务所为非"四大"以及成员公司距离集团总部较远时更加显著。

第三节 实证结果分析

一、描述性统计

表 5-2 为集团共同审计与会计舞弊相关变量的描述性统计结果。其中企业集团会计舞弊（Fraud）的平均数为 0.135，表明集团上市公司中存在的会计舞弊情况仍旧较多（13.5%），因而有关降低集团上市公司会计舞弊提升集团效率的研究显得更为重要。在本部分的样本中，共同审计师的平均数为 0.495，方差为 0.5，即有 49.5% 的集团上市公司使用了共同审计师，且共同审计师在各集团内的分布较为均匀；而拥有共同审计师的企业集团占集团总数的 62.5%，从审计师个人层面，集团中共享同一审计师的上市公司占总样本的 18.9%。其余控制变量与以往研究基本保持一致。

表 5-2 描述性统计（会计舞弊）

变量	观测值	平均值	标准差	最小值	最大值
Fraud	6296	0.135	0.342	0	1
Common_firm	6296	0.495	0.500	0	1
Common_group	6277	0.625	0.484	0	1
Common_auditor	6142	0.189	0.391	0	1
Size	6296	22.354	1.457	19.294	26.791
Lev	6296	0.511	0.205	0.052	1.001
ROA	6296	0.035	0.059	-0.201	0.222
Board	6296	2.206	0.206	1.609	2.708

续表

变量	观测值	平均值	标准差	最小值	最大值
Indep	6296	0.364	0.050	0.286	0.571
Growth	6296	-0.037	4.432	-21.407	21.676
Age	6296	2.383	0.671	0	3.178
Dual	6296	0.104	0.306	0	1
Big4	6296	0.096	0.295	0	1
Share1	6296	38.228	15.375	9.08	75
PRT	6296	0.437	0.512	0.000	2.968

表5-3为集团共同审计与薪酬业绩敏感性相关变量的描述性统计结果。其中集团上市公司管理层薪酬的最大值约为1420万元（对数值18.771），最小值为7.31万元（对数值11.989），表明我国集团上市公司薪酬水平差距较大。薪酬对数值之差的平均值为0.008，最小值为-0.266，最大值为0.327，标准差为0.026，表明我国集团上市公司管理层薪酬变化差异较大。在这部分样本中，集团共同审计（Common_firm）的平均值为0.519，即有51.9%的集团上市公司聘用了共审计师；拥有共同审计师的企业集团占总样本的64.9%，而从而从审计师个人层面，共享同一审计师的集团上市公司占总样本的19.5%。公司业绩指标（ROA）的平均值为0.033，最大值为0.223，最小值为-0.222。其他控制变量与以往研究保持一致。

表5-3 描述性统计（薪酬业绩敏感性）

变量	观测值	平均值	标准差	最小值	最大值
Pay	6400	15.019	0.871	11.199	18.771

续表

变量	观测值	平均值	标准差	最小值	最大值
ΔPay	6400	0.008	0.026	-0.266	0.327
Common_firm	6400	0.519	0.499	0	1
Common_group	6400	0.649	0.477	0	1
Common_auditor	6283	0.195	0.396	0	1
ROA	6400	0.033	0.059	-0.222	0.223
ΔROA	6400	-0.002	0.269	-14.103	14.715
Size	6400	22.374	1.472	17.277	28.509
Lev	6400	0.536	0.838	0.016	63.971
Board	6400	2.202	0.208	1.386	2.944
Indep	6400	0.365	0.0532	0.143	0.8
Age	6400	2.475	0.555	0.693	3.332
Dual	6400	0.107	0.310	0	1
Share1	6400	37.683	15.494	2.38	89.41
Growth	6400	-0.045	4.521	-21.839	22.039

二、相关性分析

表5-4为集团共同审计与上市公司舞弊有关变量的相关性分析。在单变量相关性分析中，集团共同审计与上市公司会计舞弊的系数为-0.026，并在1%的统计水平上显著相关，初步论证了集团共同审计对会计舞弊行为的抑制作用。此外，集团上市公司规模（Size）、业绩水平（ROA）、董事会规模（Board）、独立董事比例

(Indep)、成长性（Growth）、是否聘用"四大"会计师事务所（Big4）以及第一大股东持股比例（Share1）与集团上市公司会计舞弊（Fraud）显著负相关，说明随着集团上市公司规模及业绩的增加、内部治理功能的改善以及外部审计质量的提升，上市公司的会计舞弊会显著降低。而集团上市公司负债比率（Lev）、上市年限（Age）、两职合一（Dual）和关联交易（PRT）与集团上市公司会计舞弊（Fraud）显著正相关，表明随着公司自有资金的流失、内部治理水平的下降以及关联交易的增加，其进行会计舞弊的成本降低，舞弊行为显著上升。

表 5-5 列示了共同审计师影响集团上市公司薪酬业绩敏感性有关变量的相关性分析结果。可以看出，上市公司业绩变化（ΔROA）与其高管薪酬变化（ΔPay）的相关系数为 -0.031，且在 5% 的统计水平上显著，这可能是由于企业集团与上市公司之间的信息不对称以及高管人员的"寻租"行为所导致。此外，共同审计师与公司业绩的交乘项（Common_firm * ΔROA）与高管薪酬变化（ΔPay）的相关系数也为正，其数值为 0.011，且在 10% 的统计水平上显著。这表明，相比于单独审计，共同审计能够增加集团上市公司的薪酬业绩敏感性，优化集团内部激励体系，初步验证了本章的主要假设。此外，控制变量中，公司规模（Size）与薪酬业绩变化值负相关，说明集团上市公司规模越大，内部越复杂，其与总部的代理问题越严重；而董事会规模（Board）、第一大股东持股比例（Share1）以及公司成长率（Growth）与高管薪酬变化值显著正相关，这说明随着集团上市公司规模及生产率的增长以及内部治理情况的改善，管理层薪酬也会随着上升。

表 5-4　相关性分析（会计舞弊）

变量	Fraud	Common_firm	Size	Lev	ROA	Board	Indep	Growth	Age	Dual	Big4	Share1	PRT
Fraud	1												
Common_firm	-0.026**	1											
Size	-0.067***	0.038***	1										
Lev	0.043***	0.021*	0.345***	1									
ROA	-0.094***	-0.022*	0.065***	-0.396***	1								
Board	-0.032***	0.081***	0.198***	0.080***	0.026**	1							
Indep	-0.029**	-0.0180	0.137***	0.023*	-0.032***	-0.381***	1						
Growth	-0.030**	-0.031**	-0.021*	-0.022*	0.123***	-0.00300	-0.0190	1					
Age	0.056***	0.087***	0.140***	0.214***	-0.169***	-0.059***	0.0150	-0.00600	1				
Dual	0.051***	-0.030**	-0.080***	-0.055***	0.028**	-0.092***	0.049***	0.00100	-0.044***	1			
Big4	-0.075***	-0.025**	0.416***	0.033***	0.096***	0.092***	0.100***	0.0170	0.00500	-0.022*	1		
Share1	-0.098***	0.069***	0.267***	0.041***	0.113***	0.024*	0.0200	0.00400	-0.160***	-0.086***	0.181***	1	
PRT	0.061***	0.042***	-0.00400	0.195***	-0.117***	0.0140	-0.057***	-0.026**	0.182***	-0.0150	-0.033***	0.039***	1

注：***、**、*分别表示在1%、5%和10%的统计水平上显著。

表 5-5　　　相关性分析（薪酬业绩敏感性）

变量	ΔPay	Common_firm * ΔROA	Common_firm	ΔROA	Size	Lev	Board	Indep	Age	Dual	Share1	Growth
ΔPay	1											
Common_firm * ΔROA	0.011*	1										
Common_firm	-0.012	-0.018	1									
ΔROA	-0.031**	0.691***	-0.02	1								
Size	-0.035***	0.039***	0.040***	0.014	1							
Lev	0.002	-0.910***	0.016	-0.633***	0.028**	1						
Board	0.021*	0.033***	0.090***	-0.003	0.224***	-0.018	1					
Indep	-0.012	-0.005	-0.014	0.003	0.118***	0.014	-0.368***	1				
Age	-0.018	-0.001	0.082***	0.007	0.100***	0.057***	-0.058***	0.012	1			
Dual	0.006	-0.001	-0.025**	-0.001	-0.087***	-0.012	-0.097***	0.065***	-0.039***	1		
Share1	0.022*	0.020	0.080***	-0.007	0.293***	-0.014	0.036**	0.025**	-0.134***	-0.087***	1	
Growth	0.028**	0.006	-0.037***	0.010	-0.024*	-0.004	-0.006	-0.019	-0.012	0.002	0.008	1

注：***、**、*分别表示在1%、5%和10%的统计水平上显著。

三、回归结果

(一) 主要回归结果

集团上升公司共同审计师 (Common_firm) 对其会计舞弊 (Fraud) 的影响如表5-6所示：其中，共同审计 (Common_firm) 与会计舞弊 (Fraud) 的回归系数的为 -0.111，且在10%的统计水平上显著，说明集团上市公司聘用共同审计师能够显著减低其会计舞弊行为。本书的 H5-1-1 得以验证。

表5-6　　集团共同审计与上市公司舞弊

变量	(1) Fraud
Common_firm	-0.111*
	(-1.94)
Size	-0.074**
	(-2.57)
Lev	0.440***
	(2.63)
ROA	-1.293***
	(-2.73)
Board	-0.049
	(-0.28)
Indep	-1.417**
	(-2.30)
Growth	-0.000
	(-1.04)
Age	-0.017
	(-0.28)

续表

变量	(1) Fraud
Dual	0.191**
	(2.36)
Big4	-0.289**
	(-2.26)
Share1	-0.006***
	(-2.76)
PRT	0.085*
	(1.82)
Constant	0.842
	(1.18)
Year/Industry	Yes
N	6296
adj. R2	0.057

注：括号内数值表示 T（Z）统计值；***、**、*分别表示在1%、5%和10%的统计水平上显著；标准误差按公司 Cluster 进行了处理。

从集团上市公司层面，本章同时考察了集团共同审计对其薪酬业绩敏感性的影响，表5-7中交乘项 Common_firm * ΔROA 与 ΔPay 的回归系数为0.015，且在5%的统计水平上显著，说明相比于单独审计的集团上市公司，在使用共同审计师的集团中，上市公司高管薪酬水平与其业绩的匹配程度更高。本书的 H5-1-2 得到支持。

表 5-7　集团共同审计与上市公司薪酬业绩敏感性

变量	(1) ΔPay
Common_firm * ΔROA	0.015**
	(2.15)
Common_firm	-0.000
	(-0.24)
ΔROA	-0.007***
	(-3.71)
Size	-0.000*
	(-1.74)
Lev	0.002
	(1.13)
Board	0.003*
	(1.78)
Indep	0.005
	(0.68)
Age	0.000
	(0.93)
Dual	0.001
	(0.77)
Share1	0.000**
	(2.46)
Growth	0.000
	(1.12)
Constant	0.006
	(0.94)
Year/Industry	Yes
N	6400

续表

变量	(1) ΔPay
adj. R2	0.019

注：括号内数值表示 T（Z）统计值；***、**、* 分别表示在1%、5%和10%的统计水平上显著；标准误差按公司 Cluster 进行了处理。

（二）截面回归结果

表 5-8 为考虑不同地区制度环境后，集团共同审计对集团上市公司会计舞弊治理作用的结果。第（1）列和第（2）列显示，集团共同审计（Common_firm）与会计舞弊（Fraud）的相关系数在集团上市公司注册地处于制度环境较差与较好分组时分别为 -0.114 与 -0.060，且只在制度环境较差组中显著（在 10% 的统计水平上显著为负），说明集团共同审计对上市公司会计舞弊的抑制效应在公司地处制度环境指数更差的地区时更为显著。本书的假设 H5-2-1 得以验证。

表 5-8　集团共同审计与上市公司舞弊——制度环境截面

变量	(1) 环境差	(2) 环境好
	Fraud	
Common_firm	-0.114 *	-0.060
	(-1.69)	(-0.60)
Size	-0.037	-0.151 ***
	(-1.04)	(-3.18)
Lev	0.250	0.740 ***
	(1.21)	(2.62)
ROA	-1.279 **	-1.513 *
	(-2.23)	(-1.87)

续表

变量	（1）环境差	（2）环境好
	Fraud	
Board	-0.075	0.034
	(-0.38)	(0.12)
Indep	-1.541**	-1.234
	(-2.00)	(-1.15)
Growth	-0.000	-0.000
	(-1.02)	(-0.03)
Age	0.056	-0.090
	(0.74)	(-0.99)
Dual	0.351***	0.002
	(3.28)	(0.01)
Big4	-0.288*	-0.176
	(-1.74)	(-0.93)
Share1	-0.001	-0.015***
	(-0.44)	(-3.65)
PRT	0.066	0.162**
	(1.11)	(2.27)
Constant	-0.027	2.545**
	(-0.03)	(2.10)
Year/Industry	Yes	Yes
N	3707	2589
adj. R2	0.048	0.108

注：括号内数值表示 T（Z）统计值；***、**、* 分别表示在1%、5%和10%的统计水平上显著；标准误差按公司 Cluster 进行了处理。

表5-9的结果汇报了集团上市公司地处不同制度环境省份时，集团共同审计对其薪酬业绩敏感性的改善差异。第（1）列中，交

乘项 Common_firm * ΔROA 的回归系数为 0.040，且在 1% 的统计水平上显著，而第（2）列中，该项的回归系数为负，且在统计上不显著。表明相对于外部治理及保护环境较好的集团上市公司，地处制度环境较差的集团上市公司，共同审计师对其激励匹配程度的促进效应更高。假设 H5 - 2 - 2 得以验证。

表 5 - 9　　集团共同审计与上市公司薪酬业绩敏感性——制度环境截面

变量	（1）环境差	（2）环境好
	ΔPay	
Common_firm * ΔROA	0.040***	-0.085
	(2.82)	(-0.24)
Common_firm	-0.004	0.078
	(-0.12)	(1.59)
ΔROA	-0.116***	0.129
	(-6.82)	(0.48)
Size	0.288***	0.333***
	(16.23)	(12.48)
Lev	-0.564***	-0.414***
	(-5.98)	(-2.73)
Board	0.451***	0.362**
	(4.20)	(2.16)
Indep	0.347	0.212
	(0.98)	(0.40)
Age	-0.125***	-0.039
	(-3.74)	(-0.88)
Dual	-0.077	0.086
	(-1.08)	(1.47)

续表

变量	(1) 环境差	(2) 环境好
	ΔPay	
Share1	-0.006*** (-3.94)	-0.003* (-1.76)
Growth	0.003 (1.49)	0.007** (2.39)
Constant	7.305*** (15.37)	6.666*** (10.89)
Year/Industry	Yes	Yes
N	3799	2599
adj. R2	0.487	0.457

注：括号内数值表示 T（Z）统计值；***、**、* 分别表示在1%、5%和10%的统计水平上显著；标准误差按公司 Cluster 进行了处理。

表 5 - 10 汇报了集团上市公司是否聘用"四大"事务所对共同审计师治理作用的影响，第（1）列和第（2）列的结果显示，集团共同审计（Common_firm）与会计舞弊（Fraud）的回归系数在非"四大"组的系数为 -0.118，且在5%的统计水平上显著相，而其回归系数在"四大"组并不显著，这表明相比于聘请"四大"会计师事务所的集团上市公司，聘请非"四大"事务所的集团上市公司使用共同审计时对会计舞弊行为抑制的边际效应更大。本书的假设 H5 - 3 - 1 得以验证。

表 5 - 10　集团共同审计与上市公司舞弊——事务所截面

变量	(1) 非四大	(2) 四大
	Fraud	
Common_firm	-0.118** (-1.97)	-0.064 (-0.29)

续表

变量	(1) 非四大	(2) 四大
	Fraud	
Size	-0.071**	-0.202**
	(-2.27)	(-2.09)
Lev	0.422**	0.889
	(2.38)	(1.36)
ROA	-1.294***	-1.158
	(-2.77)	(-0.40)
Board	-0.019	-0.510
	(-0.11)	(-0.76)
Indep	-1.515**	-0.332
	(-2.28)	(-0.20)
Growth	-0.000	-0.005
	(-0.97)	(-0.64)
Age	-0.001	-0.343
	(-0.01)	(-1.50)
Dual	0.202**	0.030
	(2.39)	(0.10)
Share1	-0.006**	-0.017**
	(-2.40)	(-2.15)
PRT	0.092*	0.032
	(1.93)	(0.15)
Constant	0.704	5.168*
	(0.95)	(1.73)
Year/Industry	Yes	Yes
N	5689	450
adj. R2	0.049	0.131

注：括号内数值表示 T（Z）统计值；*** 、** 、* 分别表示在1%、5%和10%的统计水平上显著；标准误差按公司 Cluster 进行了处理。

表 5-11 的结果反映了不同性质共同审计师对集团上市公司薪酬业绩敏感性的提升作用。第（1）列中，交乘项 Common_firm * ΔROA 的回归系数为 0.016，且在 5% 的统计水平上显著为正；而第（2）列中，Common_firm * ΔROA 回归系数为 -0.071，并在统计上不显著。说明相比于聘请"非四大"会计师事务所，集团上市公司聘用"四大"会计师事务所时，共同审计师对信息传递及处理水平的边际提升效益更低，因而其对企业集团中上市公司的薪酬业绩敏感性的提升作用不显著。本书的假设 H5-3-2 得以验证。

表 5-11　集团共同审计与上市公司薪酬业绩敏感性——事务所截面

变量	(1) 非四大	(2) 四大
	ΔPay	
Common_firm * ΔROA	0.016**	-0.071
	(2.01)	(-1.58)
Common_firm	-0.000	-0.000
	(-0.19)	(-0.08)
ΔROA	-0.006**	0.053
	(-2.43)	(1.45)
Size	-0.000	0.000
	(-0.66)	(0.13)
Lev	0.002	-0.005
	(1.37)	(-1.22)
Board	0.003	-0.003
	(1.57)	(-0.77)
Indep	0.008	-0.005
	(0.98)	(-0.25)

续表

变量	(1) 非四大	(2) 四大
	ΔPay	
Age	0.000	0.002
	(0.27)	(1.41)
Dual	0.001	0.000
	(1.14)	(0.10)
Share1	0.000**	0.000
	(2.47)	(0.14)
Growth	0.000	0.001
	(0.92)	(1.00)
Constant	0.000	0.005
	(0.02)	(0.32)
Year/Industry	Yes	Yes
N	5795	605
adj. R2	0.017	0.017

注：括号内数值表示 T（Z）统计值；** 表示在 5% 的统计水平上显著；标准误差按公司 Cluster 进行了处理。

最后，表 5-12 的结果显示了共同审计对会计舞弊的抑制作用在集团上市公司处在不同地理位置时的差异。可以看出，在集团上市公司与其总部不在同一省份的样本组中，集团共同审计（Common_firm）与会计舞弊（Fraud）的回归系数为 -0.169，并在 5% 的统计水平上显著，说明在集团总部与成员公司距离更远时，共同审计师对成员公司会计舞弊行为的抑制作用更加明显，突出了共同审计师对于信息不对称的缓解作用。本书的假设 H5-4-1 得以验证。

表 5-12　集团共同审计与上市公司舞弊——地理位置截面

变量	(1) 距离近	(2) 距离远
	Fraud	
Common_firm	-0.051	-0.169**
	(-0.59)	(-2.18)
Size	-0.088*	-0.068*
	(-1.93)	(-1.75)
Lev	0.150	0.894***
	(0.72)	(3.44)
ROA	-1.858***	-0.255
	(-3.12)	(-0.35)
Board	0.044	-0.088
	(0.18)	(-0.41)
Indep	-1.518*	-1.358
	(-1.78)	(-1.58)
Growth	-0.000	-0.000
	(-0.39)	(-1.02)
Age	0.022	-0.040
	(0.22)	(-0.56)
Dual	0.125	0.268**
	(1.04)	(2.38)
Big4	-0.242	-0.349**
	(-1.30)	(-2.15)
Share1	-0.010**	-0.003
	(-2.55)	(-0.94)
PRT	0.087	0.065
	(1.41)	(0.91)

续表

变量	(1) 距离近	(2) 距离远
	Fraud	
Constant	0.884	0.558
	(0.79)	(0.64)
Year/Industry	Yes	Yes
N	3031	3265
adj. R2	0.065	0.070

注：括号内数值表示 T（Z）统计值；***、**、* 分别表示在1%、5%和10% 的统计水平上显著；标准误差按公司 Cluster 进行了处理。

表5-13报告了上市公司与集团总部之间地理位置差距对共同审计师治理效应的影响。第（1）列的结果显示，交乘项 Common_firm * ΔROA 的回归系数为 0.026，但在统计上不显著；表明当上市公司与集团地理位置较近时，集团总部对公司的业绩及经理人努力程度更加了解，因而制定的薪酬激励政策与上市公司业绩更为匹配，此时共同审计对上市公司像薪酬业绩敏感性的提升作用不明显。而在第（2）列中，Common_firm * ΔROA 的回归系数为 0.006，且在1%的统计水平上显著，表明在上市公司距离集团总部较远时，共同审计对其薪酬业绩敏感性的提升作用更为明显。本书的假设 H5-4-2 得到支持。

表5-13　集团共同审计与上市公司薪酬业绩敏感性——地理位置截面

变量	(1) 位置近	(1) 位置远
	ΔPay	
Common_firm * ΔROA	0.026	0.006 ***
	(1.65)	(4.88)

续表

变量	(1) 位置近	(1) 位置远
	ΔPay	
Common_firm	−0.000	−0.000
	(−0.22)	(−0.13)
ΔROA	0.012	−0.006***
	(1.11)	(−4.10)
Size	−0.000	0.000
	(−0.41)	(0.08)
Lev	−0.000	−0.002
	(−0.22)	(−0.83)
Board	0.001	0.003
	(0.71)	(1.11)
Indep	0.000	0.010
	(0.00)	(0.85)
Age	0.000	0.001
	(0.04)	(1.38)
Dual	0.001	0.001
	(0.85)	(0.66)
Share1	0.000	0.000**
	(0.93)	(2.47)
Growth	0.000*	0.000
	(1.82)	(0.17)
Constant	0.007	−0.007
	(1.04)	(−0.56)
Year/Industry	Yes	Yes
N	3088	3229
adj. R2	0.023	0.018

注：括号内数值表示 T（Z）统计值；***、**、* 分别表示在1%、5%和10% 的统计水平上显著；标准误差按公司 Cluster 进行了处理。

第四节 稳健性检验

本章对上述主要回归进行了如下稳健性测试：

（1）内生性问题解决：事务所并购。为排除研究中可能存在的内生性问题，本书利用会计师事务所合并的外生事件，建立双重差分模型进行回归，具体说明如下。

首先，筛选出在样本区间内因会计师事务所合并而变为集团共同审计的公司样本作为实验组（Treat = 1）。

其次，因会计师事务所合并而导致集团共同审计的样本不是很多，因此，在甄选出实验组样本后，本书按照 1∶10 的比例按公司规模、负债率以及总资产收益率进行匹配，得到对照组（Treat = 0）。

最后，利用会计师事务所合并前一年和后一年的公司数据，对以下模型进行回归。

$$Fraud = \beta_0 + \beta_1 * Treat \times Post + \beta_2 * Treat + \beta_3 * Post + \beta_4 * Controls + Industry + Year + \varepsilon \qquad 模型（5-3）$$

$$\Delta Pay = \beta_0 + \beta_1 * Treat \times \Delta ROA + \beta_2 * Treat + \beta_3 * \Delta ROA + \beta_4 * Controls + Industry + Year + \varepsilon^{①} \qquad 模型（5-4）$$

（2）替换上述主回归的自变量，使用不同共同审计师定义对结论重新进行回归。

（3）因变量滞后一期充当工具变量。

（4）内部控制截面：为进一步验证共同审计师对集团公司的治理效应，本书增加了内部控制截面测试。若共同审计师在上市公司中发挥了"治理作用"，其对上市公司内控缺失的弥补作用应更

---

① 由于薪酬业绩敏感性的模型中，Treat * Post * ΔROA 交乘项过多，因而采用交乘项 Treat * ΔROA，分 Post = 0 以 Post = 1 两组回归，以避免多重共线性。

加显著。

(5) 替换分组变量：由于上述截面中，"四大"与"非四大"截面的样本差距较大，可能对回归结果产生影响，因为我们将其替换为"十大"与"非十大"，并对该截面重新进行回归。

(6) 替换高管薪酬替代变量：参考卢锐（2014）、江伟和姚文涛（2015）、邵平等（2008）的研究，本章将管理层薪酬的替代变量替换为董监高前三薪酬的对数值以及高管前三薪酬的对数值，并以此为基础，使用差分模型考察集团共同审计对上市公司薪酬业绩敏感性的提升作用。

(一) 内生性问题

由于事务所的选择以及集团上市公司的治理质量之间可能存在内生选择的问题，本章利用事务所合并的外生事件，通过构造双重差分（DID）模型，检验了因事务所合并而形成的集团共同审计对上市公司会计舞弊的影响，从一定程度上降低了上述内生因素的影响。结果如表5-14所示：其中交乘项Post * Treat 与 Fraud 的回归系数为 -0.652，且在10%的统计水平上显著，表明由事务所并购所造成的集团共同审计能够对上市公司会计舞弊行为产生抑制作用，进一步强化了本章的结论。

表5-14　　稳健性测试——事务所合并（会计舞弊）

变量	(1) Fraud
Treat * Post	-0.652*
	(-1.89)
Treat	0.503*
	(1.90)
Post	0.260
	(1.03)

续表

变量	(1) Fraud
Size	-0.019
	(-0.29)
Lev	1.223***
	(3.35)
ROA	0.274
	(0.25)
Board	0.014
	(0.04)
Indep	-1.681
	(-1.13)
Growth	-0.004**
	(-2.25)
Age	-0.230**
	(-2.10)
Dual	0.044
	(0.25)
Big4	-0.708**
	(-2.15)
Share1	-0.004
	(-1.07)
PRT	0.070
	(0.72)
Constant	-1.130
	(-0.73)
Year/Industry	Yes
N	1043

续表

变量	(1) Fraud
adj. R2	0.080

注:括号内数值表示 T(Z)统计值;***、**、*分别表示在1%、5%和10%的统计水平上显著;标准误差按公司 Cluster 进行了处理。

此外,集团上市公司共同审计聘与切薪酬业绩敏感性的提升可能具有以下内生问题,出于企业集团对上市公司特征或集团整体性的考虑,可能使薪酬业绩敏感性高的公司更容易分配到同一会计师事务所;此外,同一会计师事务所也可能更倾向选择激励制度较为完善的集团上市公司。考虑到上述可能的内生性问题,本章使用会计师事务所合并的外生事件,采用双重差分模型(DID),检验因事务所合并而产生的集团共同审计是否能够提高上市公司的薪酬业绩敏感性。结果如表5-15所示:第(1)列中,交乘项 Treat * ΔROA 的回归系数为0.126,但在统计上不显著,表示在集团形成共同审计师之前,各上市公司间的薪酬业绩敏感性差异不大;而第(2)列的结果显示,在因事务所并购形成集团共同审计之后,Treat * ΔROA 的回归系数为0.141,且在5%的统计水平上显著,表明在事务所合并后,由此形成共同审计师的集团上市公司中高管薪酬业绩敏感性显著提升。为本章的结论提供了进一步支持。

表5-15 稳健性测试——事务所合并(薪酬业绩敏感性)

变量	(1) Post = 0	(2) Post = 1
	ΔPay	
Treat * ΔRoa	0.126 (1.58)	0.141** (2.23)
Treat	-0.177 (-1.07)	-0.264* (-1.78)

续表

变量	(1) Post = 0	(2) Post = 1
	ΔPay	
ΔROA	0.027	0.020
	(0.84)	(1.32)
Size	0.333***	0.292***
	(10.17)	(9.46)
Lev	-0.739***	-0.600***
	(-4.84)	(-4.02)
Board	-0.001	-0.119
	(-0.00)	(-0.94)
Indep	-1.194	-0.671
	(-1.54)	(-1.05)
Age	0.009	-0.036
	(0.20)	(-0.71)
Dual	0.099	0.001
	(0.89)	(0.01)
Share1	-0.005***	-0.004**
	(-2.86)	(-2.29)
Growth	0.010	0.004
	(1.54)	(0.66)
Constant	6.583***	7.713***
	(9.01)	(11.84)
Year/Industry	Yes	Yes
N	565	572
adj. R2	0.391	0.341

注：括号内数值表示 T（Z）统计值；***、**、* 分别表示在 1%、5% 和 10% 的统计水平上显著；标准误差按公司 Cluster 进行了处理。

(二) 变更共同审计师定义

使用不同共同审计师定义,本书对共同审计师对集团上市公司会计舞弊的影响进行了重新回归。结果如表 5-16 所示。

表 5-16 稳健性测试——替换自变量(会计舞弊)

变量	(1) Common_group	(2) Common_auditor	(3) Link
		Fraud	
Common_group	-0.110* (-1.89)		
Common_auditor		-0.119* (-1.81)	
Link			-0.045 (-0.65)
Size	-0.075** (-2.57)	-0.076*** (-2.60)	-0.067** (-2.10)
Lev	0.428** (2.55)	0.415** (2.47)	0.481** (2.53)
ROA	-1.303*** (-2.75)	-1.215** (-2.56)	-1.455*** (-2.67)
Board	-0.032 (-0.19)	-0.067 (-0.39)	-0.015 (-0.07)
Indep	-1.366** (-2.23)	-1.430** (-2.32)	-1.710** (-2.50)
Growth	-0.000 (-1.03)	-0.000 (-1.01)	-0.008 (-1.44)
Age	-0.014 (-0.23)	-0.031 (-0.52)	-0.057 (-0.86)
Dual	0.184** (2.27)	0.206** (2.53)	0.171* (1.87)

续表

变量	(1) Common_group	(2) Common_auditor	(3) Link
	Fraud		
Big4	-0.280**	-0.277**	-0.375***
	(-2.20)	(-2.20)	(-2.72)
Share1	-0.007***	-0.007***	-0.003
	(-2.75)	(-2.90)	(-1.20)
PRT	0.088*	0.098**	0.069
	(1.87)	(2.09)	(1.32)
Constant	0.811	0.991	0.507
	(1.15)	(1.40)	(0.63)
Year/Industry	Yes	Yes	Yes
N	6277	6142	4913
adj. R2	0.057	0.057	0.062

注：括号内数值表示 T（Z）统计值；***、**、* 分别表示在 1%、5% 和 10% 的统计水平上显著；标准误差按公司 Cluster 进行了处理。

第（1）列中，使用了集团层面的共同审计师定义（Common_group），即只要某一集团内存在两家或以上的上市公司使用同一家会计师事务所时，该变量在集团内所有上市公司样本中都取 1；而只有当集团内所有上市公司的会计师事务所都不一致时，该变量才取 0（本书共同审计师定义 2）。结果显示，Common_group 的回归系数是 -0.110，且在 10% 的统计水平上显著，说明相比于没有共同审计师的企业集团，拥有共同审计师企业集团，其上市公司发生会计舞弊的概率更低；该结论从企业集团层面，论证了共同审计师对于会计舞弊的抑制效应。

第（2）列中，使用了个人层面的共同审计师定义（Common_auditor），即同一集团内，若两家或以上的上市公司聘请了同一家会计师的同一位审计师，则将这几家上市公司定义为共同审计，同时该变量取值为 1，否则为 0（本书共同审计师定义 3）。结果显示，Common_auditor 的回归系数为 -0.119，且在 10% 的统计水平上显著，表明相比于无共同审计师的集团上市公司，与成员公司共享同一审计师的集团上市公司，其会计舞弊发生的概率更低。此结果不仅拓展了共同审计抑制上市公司会计舞弊的作用范围，并使本书的主要结论更加稳健。

第（3）列中，使用了集团母子公司共同审计师定义（Link），即若集团上市公司与集团总部使用同一会计师事务所则该变量取 1，否则为 0。结果显示，Link 与 Fraud 的相关系数为 -0.045，但在统计上不显著。对此的解释为，与独立企业不同，企业集团中上市公司的会计舞弊行为部分依赖于成员公司之间的关联交易及资金流动；而母子公司共同审计主要降低了信息从上市公司流向集团总部的成本，有助于集团总部了解单个上市公司实际生产经营情况，但对于成员公司交易及资金流动的整体情况缺乏了解。相比之下，成员公司间共享审计师在信息整合方面更加优势，因而其对上市公司会计舞弊行为抑制效应要显著高于母子之间共同审计师的情况。

此外，使用不同共同审计师定义，本章也对共同审计师对集团上市公司薪酬业绩敏感性的影响进行了重新回归。结果如表 5-17 所示。第（1）列中，交乘项 Common_group * ΔROA 的回归系数为 0.020，且在 5% 的统计水平上显著，说明相比于不存在共同审计师企业集团，聘用共同审计师的企业集团中，上市公司的薪酬业绩敏感性更高。第（2）列的结果显示，交乘项 Comnon3_firm * Q 的回归系数为 0.044，并在 1% 的统计水平上显著，这说明在审计师个人层面上，共享同一审计师的集团上市公司，其薪酬业绩敏感性要显著高于单独审计的集团上市公司。第（3）列中显示集团中总部与上市公司共享审计师对集团上市公司薪酬业绩敏感性的影响。其中，交乘项 Link * ΔROA 的回归系数为 0.010，但在统计上不限制，这可能是由于集团总部与成员上市公司使用同一审计师时，拓宽了上市公司与总部之间的信息传输渠道,但对整合多家不同的上市公司间的业务往来、利润转移等信息并无增量贡献。

表 5-17 的结果不仅扩充了共同审计师促进集团上市公司薪酬业绩敏感性的研究范畴,还从不同角度论证了共同审计师的治理效应,使本章的结论更加稳健。

表 5-17　稳健性测试——替换自变量(薪酬业绩敏感性)

变量	(1) Common_group	(2) Common_auditor	(3) Link
	ΔPay		
Common_group * ΔRoa	0.020** (2.52)		
Common_group	-0.000 (-0.08)		
Common_auditor * ΔRoa		0.044*** (2.71)	
Common_auditor		-0.001 (-0.91)	
Link * ΔRoa			0.010 (0.95)
Link			-0.001 (-0.96)
ΔRoa	-0.007*** (-4.76)	-0.006** (-2.44)	0.004 (0.31)
Size	-0.000* (-1.79)	-0.000 (-1.17)	-0.000* (-1.93)
Lev	0.003 (1.55)	-0.001 (-1.82)	0.003* (1.72)
Board	0.003* (1.81)	0.003* (1.96)	0.001 (0.62)

续表

变量	(1) Common_group	(2) Common_auditor	(3) Link
	ΔPay		
Indep	0.004	0.003	0.002
	(0.50)	(0.43)	(0.30)
Age	0.000	0.000	-0.000
	(0.30)	(0.61)	(-0.86)
Dual	0.001	0.001	-0.001
	(0.64)	(0.44)	(-0.75)
Share1	0.000**	0.000**	0.000
	(2.21)	(2.15)	(1.45)
Growth	0.000	0.000	0.000
	(1.25)	(1.20)	(0.65)
Constant	0.007	0.006	0.013*
	(1.11)	(0.93)	(1.85)
Year/Industry	Yes	Yes	Yes
N	6069	5956	4760
adj. R2	0.019	0.019	0.014

注：括号内数值表示 T（Z）统计值；***、**、* 分别表示在1%、5%和10%的统计水平上显著；标准误差按公司 Cluster 进行了处理。

（三）控制因变量滞后项

表 5-18 列示了将因变量滞后项（LFraud）加入回归模型后的结果，可以看出，LFraud 与 Fraud 的相关系数为 1.407，且在 1% 的统计水平上显著，表明集团上市公司的会计舞弊行为具有一定的连续性，此外，在控制上一年度对公司会计舞弊行为的影响后，Common_firm 与 Fraud 的相关系数依旧为负，且在 10% 的统计水平上显著，使本章的结论更加稳健。

表 5 – 18　　稳健性测试——控制因变量滞后项（会计舞弊）

变量	(1) Fraud
Common_firm	-0.093*
	(-1.89)
LFraud	1.407***
	(22.18)
Size	-0.038
	(-1.56)
Lev	0.223
	(1.43)
ROA	-1.076**
	(-2.21)
Board	-0.038
	(-0.28)
Indep	-0.947*
	(-1.71)
Growth	-0.005
	(-0.98)
Age	-0.027
	(-0.54)
Dual	0.163**
	(2.31)
Big4	-0.250**
	(-2.37)
Share1	-0.003
	(-1.49)
PRT	0.076*
	(1.67)

续表

变量	(1) Fraud
Constant	-0.109
	(-0.19)
Year/Industry	Yes
N	5579
adj. R2	-0.038

注：括号内数值表示 T（Z）统计值；***、**、*分别表示在1%、5%和10%的统计水平上显著；标准误差按公司 Cluster 进行了处理。

此外，上市公司高管薪酬也可能受到其他未知的遗漏变量影响，考虑到此类问题，本章将因变量的滞后项加入至主回归模型中，作为这些未知遗漏变量的代理变量，并对模型重新进行回归，结果如表5-19所示：其中交乘项 Common_firm * ΔROA 的回归系数依旧为正，数值为0.022，且在1%的的统计水平上显著；表明在控制可能的未知影响因素之后，共同审计对集团上市公司薪酬业绩敏感性的提升作用依旧显著，确保了本章结论的正确性。

表5-19　稳健性测试——控制因变量滞后项（薪酬业绩敏感性）

变量	(1) ΔPay
Common_firm * ΔRoa	0.022***
	(3.46)
Common_firm	-0.000
	(-0.14)
ΔROA	-0.007***
	(-4.46)
LΔPay	-0.179***
	(-8.15)

续表

变量	(1) ΔPay
Size	-0.000
	(-1.02)
Lev	0.003**
	(2.08)
Board	0.002
	(1.39)
Indep	0.002
	(0.21)
Age	0.001
	(1.29)
Dual	0.000
	(0.34)
Share1	0.000**
	(2.32)
Growth	0.000
	(0.96)
Constant	0.011
	(1.61)
Year/Industry	Yes
N	5674
adj. R2	0.056

注：括号内数值表示 T（Z）统计值；***、**分别表示在1%、5%的统计水平上显著；标准误差按公司 Cluster 进行了处理。

（四）内部控制截面

此外，为进一步验证集团共同审计师所发挥的治理作用，本书将集团上市公司样本分为内控环境较差及内控环境较好两组，分别检验共同审计对上市公司的治理效应。其中，内控环境的分组依据迪博数据库中国上市公司内部控制指数（2005—2016年）的数据①，以集团上市公司该指数的中位数为基准，当内部控制指数大于中位数时，划分为内控较好组，而小于中位数时划分为内控较差组。

从表5-20的结果可以看出，在集团上市公司内部控制环境较差组中，Common_firm与Fraud的相关系数为-0.148，且在5%的统计水平上显著，而在公司内部环境较好时，Common_firm与Fraud的相关系数虽然为负数，但在统计上不限制，表明集团共同审计对会计舞弊的治理作用主要是通过提升集团上市公司内部治理而实现的，进一步论证了共同审计的监督功能。

表5-20　稳健性测试——内部控制截面（会计舞弊）

变量	(1) 内控差	(2) 内控好
	Fraud	
Common_firm	-0.148**	-0.093
	(-1.98)	(-1.16)
Size	-0.078**	-0.067
	(-2.05)	(-1.54)
Lev	0.364*	0.818***
	(1.83)	(2.74)
ROA	-1.006*	0.240
	(-1.82)	(0.24)
Board	-0.019	-0.010
	(-0.09)	(-0.04)

① 由于上市公司内部控制数据截至2016年，不能完全覆盖本书的样本区间（2005—2017年），因而内部控制截面仅作为稳健性测试内容列示。

续表

变量	(1) 内控差	(2) 内控好
	Fraud	
Indep	-1.149 (-1.43)	-1.559 (-1.62)
Growth	-0.000 (-0.30)	-0.001 (-0.88)
Age	-0.039 (-0.49)	0.031 (0.35)
Dual	0.233** (2.27)	0.204* (1.76)
Big4	-0.033 (-0.18)	-0.402** (-2.53)
Share1	-0.004* (-1.66)	-0.009** (-2.56)
PRT	0.103* (1.69)	0.093 (1.40)
Constant	0.906 (1.04)	-0.213 (-0.19)
Year/Industry	Yes	Yes
N	2602	2991
adj. R2	0.046	0.078

注：括号内数值表示 T（Z）统计值；***、**、* 分别表示在 1%、5% 和 10% 的统计水平上显著；标准误差按公司 Cluster 进行了处理。

表 5-21 中的结果中，在集团上市公司内控环境较差时，共同审计师所带来的薪酬业绩敏感性的增加程度更加显著（交乘项 Common_firm * ΔROA 与 ΔPay 的回归系数为 0.006，且在 1% 的统计水平上显著），而当集团上市公司内控环境较好时，共同审计师

并没有为上市公司高管的薪酬业绩敏感性带来增量贡献,这表明共同审计师能够弥补由于集团内控缺失而带来的治理不足,缓解集团层级间的代理问题,使本章的结论更为稳健。

表 5-21　稳健性测试——内部控制截面(薪酬业绩敏感性)

变量	(1) 内控差	(2) 内控好
	ΔPay	
Common_firm * ΔRoa	0.006*** (4.75)	0.013 (0.47)
Common_firm	0.001 (0.63)	-0.000 (-0.38)
ΔROA	-0.006*** (-3.45)	0.022 (1.14)
Size	-0.001*** (-3.40)	-0.001 (-1.51)
Lev	-0.002 (-0.68)	0.003 (1.28)
Board	0.002 (0.66)	0.003 (1.03)
Indep	-0.002 (-0.16)	0.010 (0.90)
Age	0.001 (1.22)	0.000 (0.55)
Dual	0.003** (2.18)	-0.001 (-0.41)
Share1	0.000*** (2.68)	0.000 (0.28)
Growth	-0.000 (-0.18)	0.000 (1.06)

续表

变量	(1) 内控差	(2) 内控好
	ΔPay	
Constant	0.028***	0.012
	(3.00)	(1.17)
Year/Industry	Yes	Yes
N	2817	2850
adj. R2	0.021	0.023

注：括号内数值表示 T（Z）统计值；***、** 分别表示在1%、5% 的统计水平上显著；标准误差按公司 Cluster 进行了处理。

（五）替换分组变量

由于文章样本中，集团公司聘用"四大"会计师事务所的比例较少，可能会对本书假设 H5-3-1 及假设 H5-3-2 的结果产生影响；因此，本书将"四大"会计师事务所替换为按中国注册会计师协会评选的前"十大"会计师事务所，考察不同事务所聘用对集团共同审计治理功能的影响。表5-22 和表5-23 的结果显示，与原有回归结论保持一致，在共同审计师降低集团上市公司会计舞弊层面，非"十大"组中 Common_firm 与 Fraud 的相关系数为 -0.186，且在5%的统计水平上显著，而在"十大"组中，Common_firm 的系数虽然为负，但在统计上不显著。这表明集团上市公司聘用事务所为非"十大"时，相比于单独审计，集团共同审计对公司治理的提升作用更为明显。而在共同审计增加集团上市公司高管薪酬业绩敏感性层面，非"十大"组中，交乘项 Common_firm * ΔROA 与 ΔPay 的回归系数为 0.329，且在1%的统计水平上显著，而"十大"组中，Common_firm * ΔROA 为 0.020，并在统计上不显著，进一步说明了当审计师能力较弱时，集团共同审计所能提供的增量贡献，进一步夯实了本章的结论。

表5-22 稳健性测试——替换分组变量（会计舞弊）

变量	(1) 非十大	(2) 十大
	Fraud	
Common_firm	-0.186**	-0.005
	(-2.24)	(-0.07)
Size	-0.053	-0.102***
	(-1.16)	(-3.14)
Lev	0.369	0.507**
	(1.53)	(2.45)
ROA	-2.056***	-0.723
	(-3.36)	(-0.99)
Board	-0.151	0.065
	(-0.64)	(0.28)
Indep	-1.933**	-1.010
	(-2.15)	(-1.42)
Growth	-0.000	-0.000
	(-0.90)	(-0.29)
Age	-0.012	-0.042
	(-0.13)	(-0.56)
Dual	0.108	0.239**
	(1.02)	(2.08)
Share1	-0.012***	-0.002
	(-3.50)	(-0.59)
PRT	0.064	0.106
	(1.01)	(1.63)
Constant	0.711	1.299
	(0.69)	(1.44)
Year/Industry	Yes	Yes

续表

变量	(1) 非十大	(2) 十大
	Fraud	
N	2975	3290
adj. R2	0.078	0.065

注：括号内数值表示 T（Z）统计值；***、** 分别表示在1%、5%的统计水平上显著；标准误差按公司 Cluster 进行了处理。

表5-23　　稳健性测试——替换分组变量（薪酬业绩敏感性）

变量	(1) 非十大	(2) 十大
	ΔPay	
Common_firm * ΔRoa	0.329***	0.020
	(3.75)	(1.59)
Common_firm	0.077*	-0.013
	(1.75)	(-0.34)
ΔROA	-0.120***	-0.271*
	(-8.41)	(-1.72)
Size	0.320***	0.325***
	(12.62)	(17.27)
Lev	-0.651***	-0.559***
	(-5.65)	(-4.92)
Board	0.371***	0.380***
	(2.92)	(3.18)
Indep	0.220	-0.143
	(0.46)	(-0.38)
Age	-0.061	-0.082**
	(-1.50)	(-2.21)

续表

变量	(1) 非十大	(2) 十大
	ΔPay	
Dual	0.014	0.024
	(0.20)	(0.40)
Share1	-0.005***	-0.004**
	(-2.92)	(-2.42)
Growth	0.004	0.006**
	(1.39)	(2.30)
Constant	6.892***	6.777***
	(11.74)	(13.17)
Year/Industry	Yes	Yes
N	2950	3384
adj. R2	0.411	0.444

注：括号内数值表示 T（Z）统计值；***、**、* 分别表示在 1%、5% 和 10% 的统计水平上显著；标准误差按公司 Cluster 进行了处理。

（六）替换高管薪酬替代变量

本章还使用董监高前三薪酬对数值的变化值（ΔPay2）以及高管前三薪酬对数值的变化值（ΔPay3）作为集团上市公司管理层薪酬的替代变量，并对本章的主结论重新进行归回。在表 5-24 的结果中，我们可以看到，第（1）列和第（2）列中，交乘项 Common_firm * ΔROA 和替换后的管理层薪酬变量都成正比，且回归系数都在 1% 的统计水平上显著，为本章的假设提供了进一步的支持。

表 5-24　　　稳健性测试——替换薪酬变量

变量	(1) 董监高前三薪酬对数变化值 ΔPay2	(2) 高管前三薪酬对数变化值 ΔPay3
Common_firm * ΔRoa	0.275***	0.338***
	(2.88)	(3.65)

续表

变量	(1) 董监高前三薪酬对数变化值 ΔPay2	(2) 高管前三薪酬对数变化值 ΔPay3
Common_firm	-0.000 (-0.05)	-0.002 (-0.32)
ΔROA	-0.081*** (-3.47)	-0.065** (-2.10)
Size	-0.006** (-2.12)	-0.005* (-1.82)
Lev	0.049** (2.27)	0.069*** (3.62)
Board	0.034 (1.53)	0.011 (0.56)
Indep	0.109 (1.22)	0.066 (0.78)
Age	0.006 (0.97)	0.004 (0.68)
Dual	0.008 (0.59)	0.032** (2.36)
Share1	0.001** (2.11)	0.000* (1.84)
Growth	0.000* (1.84)	0.000** (2.06)
Constant	0.083 (1.01)	0.130* (1.70)
Year/Industry	Yes	Yes
N	6381	6389
adj. R2	0.022	0.023

注：括号内数值表示 T（Z）统计值；***、**、* 分别表示在1%、5%和10%的统计水平上显著；标准误差按公司 Cluster 进行了处理。

第五节 本章小结

企业集团中的代理问题及信息不对称是财务与会计研究的重点议题,基于集团上市公司会计舞弊及薪酬业绩敏感性视角,现有研究表明,管理层与控股股东的利益冲突是公司进行会计舞弊的根本动因,而信息不对称程度决定了舞弊的严重程度。而集团总部与上市公司间通过"金字塔"股权机构及交叉持股形成的多层级式结构使总部难以获取上市公司的真实生产经营信息,不利于集团总部根据各上市公司的真实业绩制度管理上市公司管理层薪酬(刘慧龙,2017),且伴随着企业内部各成员公司间的关联交易,使公司业绩信息更加模糊,进而降低了集团上市公司管理层的薪酬业绩敏感性(潘红波和余明桂,2014)。随着我国对集团经济的大力推行,企业集团在市场中所占的比例越来越大,其对我国经济发展的贡献也日趋重要。然而,从公司会计舞弊及高管薪酬业绩敏感性视角,现有研究只探讨了其在企业集团中的存在性以及存在的原因,而少有研究讨论如何在特定环境中缓解这类由集团代理问题产生的非效率现象。

为回答这一重要问题,本章从外部共同审计师视角,讨论共同审计师监督的"外溢效应"是否有助于降低集团上市公司中的会计舞弊行为,并有助于企业集团薪酬激励体系的改善。研究发现:

(1) 在企业集团中,相比于上市公司单独审计,集团共同审计能够有效抑制成员公司的会计舞弊行为,且能够提升上市公司高管的薪酬业绩敏感性。

(2) 基于信息不对称及审计师能力视角,本章发现在集团上市公司注册地制度环境较差、距离集团总部位置较远时以及聘用的会计师事务所为非"四大",上述集团共同审计的治理效应更加显著。

（3）将本章共同审计师的定义扩充至集团层面及审计师个人层面后，集团共同审计对上市公司的正面影响不变。

本章的研究不仅表明了企业集团中上市公司舞弊及薪酬业绩敏感性的特有因素，并从外部共同审计师视角为集团上市公司降低代理成本提供了治理途径，在拓展了集团上市公司会计舞弊治理效应、薪酬业绩敏感性优化因素以及共同审计师"外溢效应"研究的同时，为市场参与者深入理解集团上市公司行为及其治理提供了较为直接的证据。

第六章
集团共同审计的咨询效应

第一节 理论分析与研究假设

从以往研究来看,企业的避税程度一方面代表着股东与经理层之间的代理问题,上市公司管理层为实现私人收益,可能会使用窖藏信息的方式进行避税以操纵企业利润。但合理的税收筹划也是实现企业利润最大化、降低交易成本的战略需求(王茂林和黄京菁,2018)。在企业集团内,若上市公司为实现自身利益,可能会利用集团间复杂的结构及公司之间的关联实施较为复杂且隐瞒的避税活动,而这类隐瞒信息的行为具有一定的风险;更多地,多数研究认为,企业集团往往通过内部资源整合及利润共享以实现整体层面的最优纳税策略(刘行和李小荣,2012;陈冬和董新颖,2019)。在这种情况下,对于集团内各公司之间的信息整合及分析是企业集团税收筹划的重点。

相比于单独审计,共同审计师的"外溢效应"不仅体现在"监督"层面,也反映在审计师的"咨询"层面。共同审计师的咨询优势主要来源于其在关联公司审计时的"知识外溢"效应。一方面,共同审计师能够从客户公司的关联方中获取有利于公司投资(Labro et al.,2019)、并购(Daliwal et al.,2015;Chircop et al.,2017)等经营活动方面的信息,进而促进企业的生产及决策效率;另一方面,共同审计师作为多方上市公司的信息中介,其能够对各关联公司间的信息加以整合，从整体层面帮助各上市公司制定最优方案。相对于单独审计，集团共同审计能够从全局层面了解成员公司的交易及关联公司信息，对企业集团的整体经营也更了解，并进一步对集团内多家上市公司的信息进行整合及分析，最终为总体提供整体最优的税收筹划手段帮助各成员公司降低税负。此外，由于共同审计师的业务范围集中于同一集团内，通过审计相互关联的公司使审计师具有特定的"集团"专长，而审计师专长是上市公司税收筹划的重要影响因素（魏春燕，2014）。因而，本书认为，共同审计在整合多家成员公司信息后，能够利用更多集团内特有的税收筹划手段帮助成员公司降低实际税率。据此，本书提出假设H6-1：

假设 H6-1：相对于独立审计，集团共同审计能够提升成员公司的税收筹划效率。

从信息的获取成本及传递效应上来看，当成员上市公司距离企业集团较远时，不利于集团内部的信息流通及整合，在这种情况下，成员公司与企业集团、成员公司之间很难结合多家公司特征达到避税效果。此时，相对于距离较近的成员公司，共同审计师的信息收集及处理效果在相隔较远的成员公司间应更加凸显。据此，本书提出假设 H6-2：

假设 H6-2：相对于距离总部位置较近的集团上市公司，共同审计对企业避税的促进作用在距离总部位置较远的集团上市公司中更显著。

同上述共同审计师"监督"效应的逻辑一致，审计师的专业能力也是影响共同审计师"咨询"增量效果的重要因素。当集团上市公司聘用的审计师专业能力较强时，审计师对于公司内部信息的整合能力较强，在没有审计其他关联公司的情况下，也能在一定程度上提高单一上市公司中的税收筹划效率；并且，基于审计师的信息搜集优势，专业能力较强的审计师能在一定程度上整合集团上市公司与关联方之间的交易信息,进一步从整体层面增加其税收筹划的范围,为单个上市公司的避税行为放宽了条件。此时,集团共同审计的增量信息获取对其避税业务的提升作用相对较弱。而随着审计师专业能力的降低,其业务水平和信息搜集能力的下降使共同审计师的优势得以发挥。据此,本书提出假设 H6-3:

假设 H6-3:相对于聘用"四大"事务所的集团上市公司,共同审计对企业避税的促进作用在聘用"非四大"事务所的集团上市公司中更显著。

最后,从集团上市公司多元化视角来看,对于多元化经营程度高的集团上市公司,本身可以利用各业务分部的往来进行避税操作,此时,共同审计师结合其他上市公司信息对本企业的避税作用可能有限。而对于多元化程度较低的集团上市公司,其无法通过各部门之间的关联交易及知识外溢进行税收筹划,而共同审计的咨询功能通过将同一集团的其他上市公司信息引入企业避税考量中,因而相比于多元化程度较高的公司,共同审计师所带来的避税效应在多元化程度较低的公司中更为明显。据此,本书提出假设 H6-4:

假设 H6-4:相对于多元化程度高的集团上市公司,共同审计对企业避税的促进作用在多元化程度较低的集团上市公司中更显著。

第二节 研究设计

一、样本和数据

2007 年,全国第十届全国人大第五次会议通过了《中华人民共和国企业所得税法》,实现了企业所得税的内外税制统一,为排除由于税制差异所带来的影响,本章剔除了样本区间在 2007 年之前的数据。在此基础上，本书以手工收集的我国 2007—2017 年集团上市公司数据为样本，其他相关财务数据来自国泰安数据库及万德数据库。此外，本章对样本进行了如下筛选：①剔除了金融类上市公司的样本；②剔除了无法区分是否拥有共同审计师的样本；③剔除了控制变量缺失且无法补齐的样本；④对所有连续变量进行了上下各 1% 的 winsorise 处理。经过上述处理，本章共筛选出 5434 个样本观测值。

二、检验模型与变量定义

为考察集团共同审计对上市公司避税程度的影响，本章构建了如下回归模型：

$$TA = \beta_0 + \beta_1 Common\_firm + \beta_2 Size + \beta_3 Lev + \beta_4 ROA + \beta_5 Growth + \beta_6 Age + \beta_7 Big4 + \beta_8 PPE + \beta_9 Inv + \beta_{10} Share1 + Industry + Year + \varepsilon$$

模型（6 - 1）

其中，TA 是企业实际税率变量，$Common\_firm$ 衡量集团公司是否聘请同一会计师事务所审计，其他是控制变量，具体定义见表 6 - 1。

表 6 - 1　　变量符号及定义（集团共同审计咨询功能）

变量	变量定义及描述
Common_firm	集团公司统一审计变量，所有 A 股集团上市公司，若与集团内至少一家公司聘用同一家会计师事务所，该变量取值 1，否则为 0
TA	公司实际税率，等于所得税费用/息税前利润
Size	公司规模，为公司总资产的自然对数值
Lev	公司负债率
ROA	公司总资产收益率
Growth	公司营业收入增长率

续表

变量	变量定义及描述
Age	公司上市年限的自然对数
Big4	"四大"审计变量,若公司聘请的会计师事务所为国际"四大",取值为1,否则为0
PPE	公司固定资产与总资产的比值
Inv	公司存货净额与总资产的比值
Share1	公司第一大股东持股比例的100倍

第三节 实证结果分析

一、描述性统计

在表6-2的描述性统计中。集团上市公司的实际税率平均值为0.163,比以往研究中上市公司实际税率值低,证实了企业集团能够通过自身内资本市场进行税收筹划的观点,最小值为0,最大值为0.609,标准差为0.138,表明集团中上市公司实际缴纳所得税的分布较为集中,但不同集团的缴税规模存在较大差距。样本中,有50.7%的集团上市公司聘用了共同审计师,有63.4%的集团内包含了共同审计师,并存在18.9%的集团上市公司与同一集团内的其他上市公司共享了同一位审计师。其余控制变量与以往研究基本保持一致。

表6-2 描述性统计(税收筹划)

变量	观测值	平均值	标准差	最小值	最大值
TA	5434	0.163	0.138	0.000	0.609

续表

变量	观测值	平均值	标准差	最小值	最大值
Common_firm	5434	0.507	0.499	0	1
Common_group	5434	0.634	0.482	0	1
Common_auditor	5434	0.189	0.391	0	1
Size	5434	22.243	1.452	18.972	26.708
Lev	5434	0.520	0.216	0.048	1.236
ROA	5434	0.031	0.064	-0.224	0.241
Growth	5434	-0.043	4.661	-22.603	21.696
Age	5434	2.427	0.578	0	3.178
Big4	5434	0.091	0.288	0	1
PPE	5434	0.270	0.190	0.002	0.745
Inv	5434	0.164	0.149	0	0.746
Share1	5434	37.956	15.372	8.99	75.78

二、相关性分析

表 6-3 为集团共同审计影响公司避税有关变量的相关性分析结果。其中,在没有控制变量的情况下,集团共同审计(Common_firm)与集团上市公司实际税率(TA)的相关系数为 -0.072,且在 1% 的统计水平上显著;初步表明了共同审计师对于企业避税的促进作用。此外,与以往研究一致,集团上市公司负债率(Lev)越高、固定资产(PPE)与存货(Inv)占比越大及外部监管水平较高(聘用"四大"会计师事务所)时,上市公司越难实施有效的税收筹划。

表6-3 相关性分析(税收筹划)

变量	TA	Common_firm	Size	Lev	ROA	Growth	Age	Big4	PPE	Inv	Share1
TA	1										
Common_firm	-0.072***	1									
Size	-0.018	0.069***	1								
Lev	0.112***	0.019	0.281***	1							
ROA	-0.047***	-0.002	0.092***	-0.388***	1						
Growth	0.022	-0.035***	-0.003	-0.019	0.122***	1					
Age	0.075***	0.094***	0.137***	0.190***	-0.125***	0.003	1				
Big4	0.031**	-0.015	0.410***	0.007	0.096***	0.015	0.024*	1			
PPE	0.081***	0.010	0.063***	0.063***	-0.128***	-0.028**	-0.053***	0.031**	1		
Inv	0.064***	-0.042***	0.041***	0.217***	-0.031**	0.016	0.086***	-0.042***	-0.435***	1	
Share1	-0.005	0.069***	0.266***	0.021	0.104***	-0.002	-0.143***	0.164***	0.053***	0.049***	1

注:***、**、*分别表示在1%、5%和10%的统计水平上显著。

三、回归结果

(一) 主回归的结果

表6-4报告了上述模型的回归结果。其中显示,共同审计变量 Common_firm 的系数为 -0.005,在5%水平上显著,由此表明,拥有共同审计师的集团公司,其避税效应显著增强,证实了共同审计对集团企业避税的积极影响。本书的假设 H6-1 得到支持。

表6-4　　　　　集团共同审计与公司避税

变量	(1) TA
Common_firm	-0.005**
	(-2.07)
Lev	0.019***
	(2.70)
Size	-0.001
	(-0.57)
ROA	-0.025
	(-1.40)
Growth	0.000
	(1.63)
Age	0.009***
	(3.80)
Big4	0.009*
	(1.96)
PPE	0.021**
	(2.36)
Inv	-0.000
	(-0.04)
Share1	-0.000
	(-0.22)

续表

变量	(1) TA
Constant	0.231***
	(8.35)
Year/Industry	Yes
N	5434
adj. R2	0.178

注：括号内数值表示 T（Z）统计值；***、**、*分别表示在1%、5%和10%的统计水平上显著；标准误差按公司 Cluster 进行了处理。

（二）分组回归的结果

进一步的，本章考察了集团共同审计对企业避税的影响在不同公司的差异。首先，基于集团上市公司聘用不同类型审计师的差异，本章检验了集团共同审计为"四大"以及非"四大"时的区别，结果如表6－5所示。其中显示，在非"四大"审计的样本组，共同审计变量 Common_firm 的回归系数显著为负（系数 －0.004，t值 －1.74），而在"四大"审计的样本组，共同审计变量 Common_firm 的系数不显著。回归结果表明，相对于"四大"审计的公司，共同审计对集团企业避税的促进作用在"非四大"审计的公司中更明显。这是因为，对于"四大"而言，其业务能力较强，集团共同审计的增量信息获取对其避税业务的提升作用随之减弱。本书的假设 H6－2 得以验证。

表6－5　　集团共同审计与公司避税——事务所截面

变量	(1) 非"四大"	(2) "四大"
	TA	
Common_firm	－0.004*	－0.000
	(－1.74)	(－0.01)

续表

变量	(1) 非"四大"	(2) "四大"
	TA	
Lev	0.021***	-0.037
	(3.01)	(-1.64)
Size	-0.002	0.006**
	(-1.53)	(2.14)
ROA	-0.014	-0.085
	(-0.76)	(-1.43)
Growth	0.000	0.002**
	(1.34)	(2.35)
Age	0.010***	-0.008
	(4.30)	(-0.97)
PPE	0.021**	0.032
	(2.29)	(1.19)
Inv	-0.001	0.041
	(-0.11)	(1.13)
Share1	-0.000	0.001*
	(-0.63)	(1.67)
Constant	0.259***	0.0393
	(8.75)	(0.54)
Year/Industry	Yes	Yes
N	4938	496
adj. R2	0.190	0.177

注：括号内数值表示 T（Z）统计值；***、**、*分别表示在1%、5%和10%的统计水平上显著；标准误差按公司 Cluster 进行了处理。

为考虑了集团公司与总部距离远近的差异，本章将样本分为距离集团总部距离较近及较远两组分别进行回归，结果如表6-6所示。显示当集团公司与总部在不同省时,共同审计变量 Common_firm 的回归系数显著为负(系数 -0.005,t 值 -1.69),而当集团公司与总部在同省时,共同审计变量 Common_firm 的回归系数虽然为负,但在统计上不显著。回归结果说明,相对于距离总部位置较近的集团公司,共同审计对企业避税的促进作用在距离总部位置较远的集团公司中更显著。对此的解释是,当成员公司距离集团总部较远时,不利于集团内部的信息流通及整合,在这种情况下,共同审计的信息搜集和整合效果变得突出,更有利于集团企业避税。本书的假设 H6-3 得以验证。

表 6-6　　　集团共同审计与公司避税——地理位置截面

变量	(1) 距离远	(2) 距离近
	TA	
Common_firm	-0.005*	-0.001
	(-1.69)	(-0.36)
Lev	0.025***	0.010
	(3.25)	(0.79)
Size	-0.004**	0.001
	(-2.39)	(0.79)
ROA	-0.012	-0.037
	(-0.57)	(-1.23)
Growth	0.000	0.001**
	(0.33)	(2.29)
Age	0.016***	0.004
	(4.84)	(1.30)
Big4	0.003	0.011
	(0.45)	(1.61)

续表

变量	(1) 距离远	(2) 距离近
	TA	
PPE	0.016	0.031**
	(1.34)	(2.42)
Inv	0.002	-0.006
	(0.13)	(-0.34)
Share1	0.000	-0.000
	(0.00)	(-0.29)
Constant	0.276***	0.200***
	(7.44)	(5.04)
Year/Industry	Yes	Yes
N	2771	2663
adj. R2	0.209	0.179

注：括号内数值表示 T（Z）统计值；***、**、*分别表示在1%、5%和10%的统计水平上显著；标准误差按公司 Cluster 进行了处理。

最后，本书考察了集团共同审计的避税效果对于多元化程度不同企业的差异。依据样本公司多元化经营程度的高低将集团上市公司分为两组，然后进行分组回归，结果如表6-7所示。显示在多元化经营程度高的样本组，共同审计变量 Common_firm 的回归系数不显著，而在多元化经营程度低的样本组，共同审计变量 Common_firm 的系数显著为负（系数0.006，t值-1.67）。回归结果显示，共同审计师对集团企业避税的促进效应在多元化程度低的公司中更明显。该结果的可能原因是，对于多元化经营程度高的公司，其可以利用各业务分部的往来进行避税，因此共同审计对企业避税的提升作用减弱。本书的假设 H6-4 得以验证。

表 6-7　集团共同审计与公司避税——多元化截面

变量	(1) 多元化程度高	(2) 多元化程度低
	TA	
Common_firm	-0.004	-0.006*
	(-1.01)	(-1.67)
Lev	0.022*	0.014
	(1.80)	(1.30)
Size	-0.002	0.002
	(-1.01)	(0.83)
ROA	-0.032	-0.048
	(-0.87)	(-1.63)
Growth	0.001*	0.000
	(1.87)	(0.49)
Age	0.001	0.008**
	(0.34)	(2.47)
Big4	0.020***	0.004
	(3.01)	(0.50)
PPE	0.019	0.034**
	(1.19)	(2.51)
Inv	0.014	-0.004
	(0.72)	(-0.21)
Share1	-0.000	-0.000**
	(-1.30)	(-2.49)
Constant	0.248***	0.210***
	(5.83)	(4.86)
Year/Industry	Yes	Yes
N	2837	3168
adj. R2	0.136	0.198

注：括号内数值表示 T（Z）统计值；***、**、* 分别表示在1%、5%和10%的统计水平上显著；标准误差按公司 Cluster 进行了处理。

第四节 进一步研究

以往研究表明,上市公司避税往往与其机会主义行为相联系。上市公司管理层在避税时所做出的隐秘行为会加剧管理层与股东和外部监管者之间的信息不对称及代理冲突,最终造成上市公司价值的减损(Chen and Chu,2005;Desai and Dharmapala,2006;Desai et al.,2007;吕伟等,2011;王静等,2014)。但这类研究都基于一个隐含的观点:在其他条件不变的情况下,上市公司自身行为的变化在增加避税的基础上加剧了代理问题及信息不对称程度的加深。相比于以往公司自身行为对避税影响的研究,本书研究了作为外部监督方的审计师对公司税收筹划的正面作用,一方面,共同审计师对集团上市公司避税的正面作用主要是通过降低总部与成员公司以及成员公司之间的信息不对称而实现的,区别于以往研究中上市公司为实现避税目的而增加信息不对称的情况;另一方面,本书所研究的公司避税影响因素是基于公司外部监督方的视角,其不仅不会造成管理层机会主义行为,反而对公司行为有一定的监管作用。基于此,本书认为,由于集团聘用共同审计师而导致的上市公司实际税率降低,不会引发成员公司及集团本身业绩的下降。

为验证上述结论,本书使用上市公司总资产收益率(ROA)以及集团加权总资产收益率(SROA)作为企业业绩的替代指标,检验由于共同审计所带来的实际税率变化是否会有相应的负面影响。表6-8中,实际税率(TA)与上市公司业绩(ROA)及集团业绩(SROA)的回归系数分别为0.073和0.021,且都在1%的统计水平上显著,表明随着实际税率的下降(上升),企业的业绩显著降低(增加),这与之前的研究结论保持一致。而交乘项TA*Common_firm 与 ROA 以及 SROA 的回归系数则在统计上不显著,且第（1）列中，TA * Common_firm 的回归系数为负，这表明集团聘用共同审计而使得上市公司实际税率降低并不会造成公司业绩的下降，也不会对集团整体业绩产生负面影响。

表6-8 集团共同审计避税效应与企业业绩

变量	(1) ROA	(2) SROA
TA * Common_firm	-0.013 (-1.04)	0.002 (0.23)
TA	0.073*** (7.35)	0.021*** (3.20)
Common_firm	0.003 (0.96)	-0.003 (-1.55)
Size	0.009*** (9.23)	0.001 (0.68)
Lev	-0.116*** (-17.70)	-0.029*** (-5.67)
Growth	0.001*** (4.37)	0.001*** (3.34)
Age	-0.005** (-2.53)	-0.005*** (-2.77)
Big4	-0.001 (-0.22)	0.005* (1.92)
PPE	-0.071*** (-9.09)	-0.022*** (-3.86)
Inv	-0.018** (-2.02)	-0.008 (-1.16)
Share1	0.000** (2.31)	0.000 (1.27)

续表

变量	(1) ROA	(2) SROA
Constant	-0.108***	0.052***
	(-5.06)	(2.94)
Year/Industry	Yes	Yes
N	5768	5768
adj. R2	0.282	0.098

注：括号内数值表示 T（Z）统计值；***、**、* 分别表示在 1%、5% 和 10% 的统计水平上显著；标准误差按公司 Cluster 进行了处理。

第五节 稳健性分析

为使有关共同审计对集团上市公司避税效应的结论更加稳健，本章共进行了如下稳健性测试：

（1）内生性问题：事务所并购。利用会计师事务所并购的外生事件，构建下述双重差分模型，以排除共同审计师影响集团上市公司税收筹划结论中可能存在的内生性问题。

$$TA = \beta_0 + \beta_1 * Treat \times Post + \beta_2 * Treat + \beta_3 * Post + \beta_4 * Controls + Industry + Year + \varepsilon \qquad 模型（6-2）$$

（2）拓展共同审计师定义：将共同审计师定义扩种至企业集团层面（Common_group）、审计师个人层面（Common_auditor）以及母子公司共同审计层面（Link），并分别检验其对集团上市公司避税的影响。

（3）因变量的滞后项加入控制变量。

（4）替换分组变量：使用"十大"会计师事务所的分组替代上述"四大"会计师事务所分组。

(一) 内生性问题

为排除研究中可能存在的内生性问题,我们利用会计师事务所合并的外生事件,建立双重差分模型进行回归,具体说明如下。

首先,筛选出在样本区间内因会计师事务所合并而变为集团共同审计的公司样本作为实验组(Treat = 1)。

其次,因会计师事务所合并而导致集团共同审计的样本不是很多,因此,在甄选出实验组样本后,按照1:10的比例按公司规模、负债率以及总资产收益率进行匹配,得到对照组(Treat = 0)。

最后,利用会计师事务所合并前一年和后一年的公司数据,对以下模型进行回归。

$$TA = \beta_0 + \beta_1 Treat \times Post + \beta_2 Treat + \beta_3 Post + \beta_4 Size + \beta_5 Lev + \beta_6 ROA + \beta_7 Growth + \beta_8 Age + \beta_9 Big4 + \beta_{10} PPE + \beta_{11} Inv + \beta_{12} Share1 + Industry + Year + \varepsilon \qquad 模型(6-3)$$

表6-9报告了相关回归结果。其中显示,Treat * Post 的回归系数为 -0.018,在5%水平上显著,这说明企业集团内由于事务所合并而产生的共同审计,能够显著减低集团上市公司的实际税率,进一步证实了共同审计对集团公司避税的积极作用。

表6-9　　　　　　　稳健性测试——事务所合并

变量	(1) TA
Treat * Post	-0.018** (-2.11)
Treat	0.007 (0.64)
Post	-0.003 (-0.26)
Lev	0.014 (0.97)

续表

变量	(1) TA
Size	-0.000
	(-0.10)
ROA	-0.046
	(-1.14)
Growth	0.001**
	(2.11)
Age	0.010**
	(2.14)
Big4	-0.006
	(-0.70)
PPE	0.048***
	(3.00)
Inv	0.013
	(0.66)
Share1	-0.000
	(-0.12)
Constant	0.173***
	(3.35)
Year/Industry	Yes
N	856
adj. R2	0.152

注：括号内数值表示 T（Z）统计值；***、** 分别表示在1%、5%的统计水平上显著；标准误差按公司 Cluster 进行了处理。

（二）替换共同审计的定义

采用其他三种共同审计的定义对本章的主要结论重新进行回归，结果如表 6-10 所示。在第（1）列中，企业集团共同审计

(Common_group)以及个人层面上的共同审计师(Common_auditor)与集团上市公司实际税率(TA)的相关系数都为-0.005,且都在5%的统计水平上显著;此外母子共同审计(Link)与集团上市公司实际税率(TA)的相关系数为-0.008,且在1%的统计水平上显著。这表明,无论扩大还是缩小集团共同审计的范围,相比于单独审计的集团上市公司,拥有共同审计师的集团上市公司,其税收筹划效率更高。因此进一步验证了共同审计对集团企业避税的积极作用。

表6-10 稳健性测试——替换自变量

变量	(1)	(2)	(3)
	TA		
Common_group	-0.005** (-2.20)		
Common_auditor		-0.005** (-2.03)	
Link			-0.008*** (-2.75)
Lev	0.019*** (2.68)	0.020*** (2.89)	0.001 (0.83)
Size	-0.001 (-0.58)	-0.001 (-0.72)	0.011 (1.36)
ROA	-0.026 (-1.43)	-0.028 (-1.54)	-0.038* (-1.79)
Growth	0.00* (1.66)	0.000 (1.34)	0.000* (1.81)
Age	0.009*** (3.85)	0.009*** (3.85)	0.007*** (2.66)

续表

变量	(1)	(2)	(3)
	TA		
Big4	0.009**	0.009**	0.009*
	(2.07)	(2.03)	(1.67)
PPE	0.021**	0.020**	0.029***
	(2.39)	(2.25)	(2.90)
Inv	-0.000	-0.001	0.007
	(-0.02)	(-0.08)	(0.55)
Share1	-0.000	0.000	-0.000
	(-0.23)	(0.10)	(-0.48)
Constant	0.232***	0.234***	0.204***
	(8.40)	(8.47)	(6.66)
Year/Industry	Yes	Yes	Yes
N	5434	5314	4070
adj. R2	0.178	0.182	0.185

注：括号内数值表示 T（Z）统计值；***、**、* 分别表示在 1%、5% 和 10% 的统计水平上显著；标准误差按公司 Cluster 进行了处理。

（三）控制因变量滞项

为排除可能的遗漏变量影响，本章使用集团上市公司实际税率的滞后项（LTA）作为控制变量放入假设回归模型中，重新进行回归，结果如表 6-11 所示。

可以看出，在控制实际税率的滞后项之后，集团共同审计（Common_firm）与实际税率的回归系数为 -0.002，且在 5% 的统计水平上显著，排除了其他不可见因素对于集团上市公司共同审计及避税的影响。

表6-11 稳健性测试——控制因变量滞后项

变量	(1) TA
Common_firm	-0.002**
	(-2.16)
LTA	0.652***
	(45.01)
Size	-0.000
	(-0.90)
Lev	0.007**
	(2.18)
ROA	-0.002
	(-0.19)
Growth	0.000
	(1.53)
Age	0.006***
	(5.72)
Big4	0.004*
	(1.82)
PPE	0.006
	(1.53)
Inv	-0.006
	(-1.30)
Share1	0.000
	(0.99)
Constant	0.083***
	(6.34)
Year/Industry	Yes
N	4267

续表

变量	(1)
	TA
adj. R2	0.604

注：括号内数值表示 T（Z）统计值；***、**、* 分别表示在 1%、5% 和 10% 的统计水平上显著；标准误差按公司 Cluster 进行了处理。

（四）替换分组变量

在检验假设 H6-2 时，由于聘用"四大"会计师事务所的集团上市公司数量较少，可能对回归结果产生影响；因此，本章将"四大"会计师事务所替换为"十大"会计师事务所，对新的分组回归的结果见表 6-12。表 6-12 中，集团共同审计（Common_firm）与集团上市公司实际税率（TA）的回归系数及显著性均在集团上市公司聘用的事务所为"十大"时更优，进一步表明了审计师能力与共同审计边际效应提升的反向关系。

表 6-12 稳健性测试——替换分组变量

变量	(1) 非十大	(2) 十大
	TA	
Common_firm	-0.005	-0.003
	(-1.43)	(-1.04)
Size	-0.004**	0.003**
	(-2.25)	(2.29)
Lev	0.021**	0.009
	(2.37)	(0.94)
ROA	-0.029	-0.024
	(-1.15)	(-1.03)
Growth	0.000	0.000
	(1.35)	(1.44)

续表

变量	(1) 非十大	(2) 十大
	TA	
Age	0.010***	0.009***
	(2.99)	(3.20)
PPE	0.026**	0.021*
	(2.09)	(1.87)
Inv	0.015	-0.018
	(1.00)	(-1.38)
Share1	-0.000	0.000
	(-0.68)	(0.67)
Constant	0.298***	0.157***
	0.298***	0.157***
Year/Industry	Yes	Yes
N	2719	2715
adj. R2	0.178	0.182

注：括号内数值表示 T（Z）统计值；***、**、*分别表示在1%、5%和10%的统计水平上显著；标准误差按公司 Cluster 进行了处理。

第六节 本章小结

企业集团指的是以正式或非正式方式结合在一起的一系列公司的集合（Granovetter，1994）。作为一种介于市场与企业之间的组织形式，企业集团广泛存在于世界各国，并在新兴市场国家发挥着举足轻重的作用（Claessens et al.，2006；Masulis et al.，2011）。

就企业集团的避税而言，一方面，利用其内部资本市场的信息优势（Khanna and Yafeh，2007）及资源配置优势（Williamson，

1975；Stein，1997），企业集团能够通过成员企业间的相互交易、知识共享进行税收筹划，降低其税收缴纳；另一方面，出于集团内部公平主义现象（Chen et al.，2017）以及双重代理问题（Eisfeld and Rammpini，2008；Datta et al.，2009）等原因，使集团内部信息交流及集团成员公司间的协同行为受阻，反而不利于企业避税。因此，探究在何特点条件下发挥企业集团的税收筹划优势及避税效率显得十分重要。

本章从共同审计师"咨询"功能的角度进行分析。讨论了共同审计的采用对于集团上市公司避税的影响，研究发现：

（1）在企业集团内，相比于上市公司单独审计，集团共同审计能够显著降低成员上市公司的实际税率。

（2）从审计师能力、信息不对称以及避税途径视角，本章发现集团共同审计对于上市公司税收筹划的正面作用在集团上市公司聘用的会计师事务所为非"四大"、距离集团总部位置较远以及多元化程度较低时更加显著。

（3）进一步研究表明，集团共同审计师在降低上市公司实际税率的同时，并没有降低上市公司以及集团整体的业绩，论证了共同审计是通过信息整合而非信息窖藏实现避税目的。

（4）将本章的共同审计师定义扩充至集团层面、审计师个人层面以及母子公司共同审计定义后，上述共同审计师在集团中的税收筹划作用依旧不变。

本章从集团成员共享审计师视角出发，检验审计师在集团内部各公司间信息搜寻及整合能力对集团企业避税的影响，在拓展了有关公司避税研究范畴的同时，为企业集团税收筹划提供了正面借鉴。

第七章
结论与展望

第一节 主要研究结论

企业集团是新兴市场国家主要的市场组织形式。在集团内部，可以通过监督、激励、内部竞争及优化内部资源配置等提高运作效率的优势越来越突出（Gertner et al., 1994; Rajan et al., 2000; Scharfstein and Stein, 2000; Khanna and Tice, 2001; Billett and Mauer, 2003; Almeida et al., 2011; Agarwal et al., 2011; Ozbas and Scharfstein, 2010）。相较于外部市场企业间的合作，集团化经营有助于降低市场交易的成本（Khanna and Palepu, 1997）。此外，集团内部的资金调配能够使成员公司在拥有良好投资机会时降低其对融资途径及融资成本的担忧。最后，为达到集团利益最大化，集团总部会将优质资产及资金提供给最具发展潜力的成员公司，在优化内部资源配置的同时，促进集团内公司的相互竞争，提升整个集团的经济效益。

然而，随着成员企业的增加，企业集团内部的治理问题也逐渐凸显。相对于单一公司，企业集团内部结构较为复杂，集团总部通过交叉持股及股权"金字塔"等方式控制成员公司，使集团内的多重代理问题更加严重，阻碍了对其下属成员公司的统一管理。而且，当集团总部与成员上市公司之间存在信息不对称时，上市公司可能会为了自身利益而进行机会主义行为，由此降低企业集团的经营绩效（Rajan et al., 2000; Scharfstein and Stein, 2000; Ozbas and Scharfstein, 2010; Zhang and Chen, 2014）。

成员上市公司在自身经济优势不足时，为获得集团公司的青睐，可能通过隐藏信息甚至会计舞弊等方式"包装"自己以获取资金，最终造成企业集团内部资本配置失效，使拥有较好财务基础及发展潜力的公司得不到应有资金。此外，随着集团规模的扩大以及股权层级的增加，加剧了集团总部与成员公司间的信息不对称，为成员公司的寻租和舞弊行为提供了便利，同时信息的缺失使集团总部难以判断成员公司的具体情况，使其无法根据各个公司的实际情况制定经营战略，也难以将各成员公司的资源结合起来，发挥其协同作用，最终造成企业集团经营偏离其构建初衷，不利于企业集团的长远发展。

已有研究指出，外部审计是降低公司代理问题的重要手段（Fan and Wang, 2005）。相对于单独审计，会计师事务所同时审计集团内多家上市公司，基于集团内公司间的相互关联，审计师能够降低获取相关信息的成本（Labro et al., 2019）。首先审计师通过审计相互关联的集团上市公司能够从整体层面获取更多集团信息，因而能够更清楚地识别企业集团内部的经营问题，由此增加了集团内上市公司进行会计舞弊的成本。其次，共同审计师能够帮助集团控股股东掌握更多的子公司信息，且相比于独立审计，统一审计提供的信息更具可比性（Pricewaterhouse Coopers, 2017; Grant Thornton, 2018），降低了集团控股股东与子公司之间的代理问题，同时增加了子公司寻租的难度，使子公司管理层的行为从"租金导向"转为"经济导向"，从而提升经营效益。同时，集团共同审计还降低了控股股东向多家会计师事务所索取信息的成本。再次，共同审计师的信息优势有助于在各上市公司间设立统一的评判标准，并从集团整体层面分析各公司行为，进而能够帮助企业集团处理信息并评估其决策。最后，从管理咨询角度而言，一方面，共同审计师能够提供给集团控股股东更多"整合"之后的信息，增进集团对各下属子公司的了解，有助于内部资金的合理分配；另一方面，通过搜集企业集团整体信息有助于审计师做出更准确的判断，从而提供给集团控股股东更多的经营建议。

基于此，本书利用我国集团上市公司的数据，研究共同审计师对于企业集团运作机制的提升作用，为集团经营及审计理论相关的研究提供了一个新的视角。具体的议题包括：①企业集团聘用共同审计师的动机；②集团共同审计的监督作用——上市公司会计舞弊与高管薪酬业绩敏感性视角；③集团共同审计的咨询作用——上市公司避税视角。

（一）企业集团聘用共同审计师的动机

随着企业集团规模的扩大，集团内部运作效率问题日益凸显，本书以集团上市公司所面临的问题作为突破口，从企业集团降低代理成本，提高信息可比性两方面，探讨了不同特质的企业集团及上市公司对于共同审计师治理功能的需求。研究发现，在降低代理成本层面，当集团上市公司两权分离度较低（控制权较低，所有权较高）以及产权性质为国有时，越有可能采用集团共同审计师的形式；而从提高信息可比性层面，当集团上市公司数量较多以及所聘用的审计师能力较低（非"四大"）时，其聘用共同审计师的可能越大。进一步结合制度环境和公司多元化程度因素，本书发现，上述上市公司及集团特征对于聘用共同审计师的影响在制度环境较好以及多元化程度较高时更加显著，说明外部治理环境缺失以及信息不对称程度加剧时，企业集团对于共同审计师的需求显著增加。最后，本书发现，随着集团共同审计的采用，集团上市公司的审计质量显著提升，而审计费用没有明显变化，排除了集团为"收买"审计意见而聘用同一审计师的替代解释。

（二）集团共同审计的监督作用——上市公司会计舞弊与高管薪酬业绩敏感性视角

经济后果方面，本书通过研究集团共同审计对上市公司会计舞弊以及薪酬业绩敏感性的影响探究其对于企业集团的"监督"效应。研究发现，相比于没有聘用共同审计师的集团上市公司，拥有共同审计师的集团上市公司，其会计舞弊行为显著降低，而上市公司高管薪酬业绩敏感性显著提升；同时，从信息不对称及审计师能力角度，截面研究表明，上述集团共同审计的监督作用，在集团上市公司外部制度环境较差、聘用审计师为非"四大"以及距离集团总部位置较远时更明显。

（三）集团共同审计的咨询作用——上市公司避税视角

集团共同审计除发挥审计师的"监督"效应，在"咨询"效应方面也具有着优势。从集团上市公司税收筹划视角，本书发现：相比于没有聘用共同审计师的集团上市公司，拥有共同审计师的集团上市公司，其实际税率更低，且这类基于共同审计师"咨询"功能而产生的避税效应并没有增加集团上市公司与总部间的代理问题及信息不对称，其对单个集团上市公司与集团整体的业绩没有显著影响。进一步研究发现，当集团上市公司聘用的审计师为非"四大"、距离总部位置较远以及多元化程度较低时，集团共同审计对于公司避税的正面影响更为明显。

第二节　政策建议

一、强化企业集团内部市场信息传递机制

本书的研究发现，基于共同审计师的信息搜集与处理优势，相比于没有共同审计师的集团上市公司，拥有共同审计师的集团上市公司在抑制会计舞弊、提升高管薪酬业绩敏感性、完善企业集团激励体系以及优化税收筹划方面具有显著优势。且随着企业集团内部信息不对称程度的降低，共同审计师所发挥的"监督"及"咨询"

功能越明显。

随着我国市场化进程的推进,2015年,国务院颁布了《国务院关于国有企业发展混合所有制经济的意见》为融合不同所有制经济、发挥各所有制经济的比较优势,并鼓励形成新的治理结构。然而,目前颁布的促进企业集团形成及发展的有关法律及政策只强调了如何发挥企业间的相互协调和经济规模效应,而对于企业联合后出现的内部治理问题较少涉及。

随着不同类型、不同所有制经济体的组合,企业集团的内部结构日趋复杂,而集团总部与成员公司之间的信息不对称是造成企业集团效率低下的主要原因之一。本书从集团共同审计的视角,阐述了优化集团内部信息传递机制的正面作用,为以后政策制度的侧重方向提供了借鉴。

二、强化集团最终控制人监督意识

基于企业集团内的代理问题及信息不对称,本书从共同审计师视角,探讨了集团共同审计师对于集团内部的监督及咨询作用,探究了其对于集团最终控制人治理的强化和补充功能。在我国,企业集团大多由国有企业基于经济及历史因素组合而成,因而在集团中可能存在着国有企业产权主体的缺位及管理层"选派"等问题,使集团实际控制人对成员上市公司的信息了解不足,进而加大了对公司的监督成本,滋生了上市公司管理层的机会主义行为,最终造成企业集团对于成员上市公司的控制缺失以及内部资本市场的运作效率降低。因此,为从根源上优化企业集团内部资本市场的运作及治理效率,有必要加强集团实际控制人对上市公司的监督意识,加强其对集团内部不同层级、不同行业公司业务的了解,明确其对于不同层次上市公司的监督义务和职责,从内部完善企业集团中从上至下的监督机制。

三、加大共同审计在企业集团中的运用

本书的研究发现，相比于没用共同审计师的集团上市公司，拥有共同审计师的集团上市公司，其在抑制会计舞弊、提升薪酬业绩敏感性、增加高管薪酬与集团整体业绩的相关性以及税收筹划中具有显著优势。究其原因，一方面来自共同审计师的信息搜集及处理优势；另一方面，集团内部市场与外部监督机制的有机结合，能够发挥集团内部治理的"外溢效应"。《国资委统一委托会计师事务所工作试行办法》中规定，企业资产总额在100亿元以下的，原则上委托一家会计师事务所独立承担企业年度财务决算的审计工作，而规模在100亿元以上的，地理位置分布较广的，可委托一家或多家实施进行审计，但原则上不超过5家。本书的结论进一步将该政策的适用范围扩充至企业集团中，并认为，应继续加大共同审计师在企业集团中的运用。

四、建立并完善企业集团内部市场与外部监督的联动机制

企业集团是交易成本较高时，替代市场的一种交易机制，企业集团的内部资本市场中集团总部对各上市公司的之间监管以及自由的内部资金分配能够降低各公司间的合约成本，并增加集团公司资金的使用效率。且在集团运行过程中，为达到集团利益最大化，集团往往采用内部竞争的方式提升整体效率。然而，作为市场机制的替代机制，企业集团所发挥的优势与外部市场的交易成本密切相关，随着我国经济及制度的稳步发展，市场交易成本逐步降低，而集团中因双重代理问题及信息不对称所带来的内在缺点逐步凸显，且由于企业集团的组成特征，通过提升企业自身内部控制进而加强治理的成本较高。因此，需要引入外部监督力量对企业集团内部治理进行补充和加强，通过建立和完善集团内部市场与外部监督机构的沟通平台，强化相信在集团内部的传递与搜集，加强集团总部对

各上市公司的控制，减少内部资本交易过程中的信息不对称，从而实现集团内部资本市场的有效运作。

第三节 研究局限性及未来研究方向

一、集团上市公司样本缺陷

在本书的研究样本中，仅包括企业集团内的上市公司，而由于数据搜集困难，没有将非上市公司纳入研究范畴。尽管非上市公司没有强制审计及披露审计报告的要求，但大多数非上市公司基于债务融资、产权性质等原因聘请了审计师对其财务报表进行审计。因而，集团共同审计的范围能够扩展到非上市公司中。首先，基于上市公司与非上市公司的差异，其在聘用共同审计师时的动机以及效果可能不同；其次，从集团整体层面，上市公司与非上市公司之间存在着互动关系，而共同审计师的聘用可能与二者互动的战略需求相关，但由于企业集团中非上市公司数据的不可获取性，本书无法将这部分样本纳入回归模型中，这可能会对本书的结论产生一定的影响。

二、集团复杂结构限制

由于集团公司通过交叉持股及"金字塔"股权结构对各上市公司进行控制，其股权结构网络十分复杂，难以对集团中间控制人的特征进行区分，因而本书只以集团最底层的上市公司为研究样本，而没有考虑到企业的层级结构对共同审计师聘用动机及经济后果的影响。为弥补这一缺陷，本书在共同审计师聘用动机及经济后果的研究中，都使用了集团总部与上市公司聘用同一会计师事务所这一共同审计师的概念对全书主要结论进行了检验，在一定程度上缓解了不同层级中共同审计师聘用及治理差异的问题。

三、未来研究方向

企业集团是由众多上市及非上市公司构成的经济实体，基于共同审计师的视角，本书考察了集团共同审计师的使用对于企业集团内部资本市场运行效率的影响，探究了集团上市公司聘用共同审计师的动机，并验证了共同审计在集团内部的监督和咨询作用。然而，集团内部还存在着众多的非上市公司，其行为活动可能会对上市公司产出影响，因而有必要对集团内上市公司与非上市公司间的联动效应进行探讨。如审计师选择在上市公司与非上市公司间的区别、上市公司外部监督效应对非上市公司的外溢影响等。

此外，集团内多重层级结构也是未来研究的重点方向。基于代理理论，企业集团中实际控制人与上市公司间存在着众多层级，每一层级间又存在着复杂的关联关系与利益联盟关系，因而探究各层级间信息流通以及相互间的联动关系对于揭示集团内部关系、缓解集团代理问题、提高集团信息传递质量具有重要的参考价值。

参考文献

白思达,2019. 中国跨国公司税基侵蚀和利润转移问题新研究[J]. 世界经济(04):174-192.

白思达,储敏伟,2017. 转让定价与企业国际避税问题研究——来自中国商品出口贸易的实证检验[J]. 财经研究(08):32-42.

蔡贵龙,柳建华,马新啸,2018. 非国有股东治理与国企高管薪酬激励[J]. 管理世界(05):137-149.

蔡宏标,饶品贵,2015. 机构投资者、税收征管与企业避税[J]. 会计研究(10):59-65,97.

柴才,黄世忠,叶钦华,2017. 竞争战略、高管薪酬激励与公司业绩——基于三种薪酬激励视角下的经验研究[J]. 会计研究(06):45-52.

陈德球,陈运森,董志勇,2016. 政策不确定性、税收征管强度与企业税收规避[J]. 管理世界(05):151-163.

陈德球,金鑫,刘馨,2011. 政府质量、社会资本与金字塔结构[J]. 中国工业经济(07):129-139.

陈冬,董新颖,2019. 企业集团内部市场的避税效应——以A集团为例[J]. 会计与经济研究(01):152-71.

陈冬,唐建新,2012. 高管薪酬、避税寻租与会计信息披露[J]. 经济管理(05):114-122.

陈佳声,2014. 上市公司、审计师与监管机构的财务舞弊博弈研究[J]. 审计研究(04):89-96.

陈骏,徐玉德,2012. 高管薪酬激励会关注债权人利益吗?——基于我国上市公司债务期限约束视角的经验证据 [J]. 会计研究 (09): 73-81.

陈信元,黄俊,2007. 政府干预、多元化经营与公司业绩 [J]. 管理世界 (01): 92-97.

陈艳利,乔菲,孙鹤元,2014. 资源配置效率视角下企业集团内部交易的经济后果——来自中国资本市场的经验证据 [J]. 会计研究 (10): 28-35.

陈作华,方红星,2018. 融资约束、内部控制与企业避税 [J]. 管理科学 (05): 125-139.

程小可,李浩举,郑立东,2016. 税收规避能够提升企业价值吗?——基于货币政策视角的研究 [J]. 审计与经济研究 (04): 63-72.

邓博夫,刘佳伟,吉利,2019. 政府补助是否会影响企业避税行为 [J]. 财经研究 (01): 109-121.

方红星,施继坤,张广宝,2013. 产权性质、信息质量与公司债定价——来自中国资本市场的经验证据 [J]. 金融研究 (04): 170-182.

方军雄,2012. 高管超额薪酬与公司治理决策 [J]. 管理世界 (11): 144-155.

付朝干,李增福,2018. 腐败治理、税收执法与民营企业避税 [J]. 财经研究 (11): 47-60.

邵帅,吕长江,2014. 实际控制人直接持股可以提升公司价值吗?——来自中国民营上市公司的证据 [J]. 管理世界 (05): 134-146.

郝玉贵,刘李晓,2012. 关联方交易舞弊风险内部控制与审计——基于紫鑫药业案例的研究 [J]. 审计与经济研究 (07): 26-35.

洪荭，胡华夏，郭春飞，2012. 基于 GONE 理论的上市公司财务报告舞弊识别研究 [J]. 会计研究（08）：84 – 90.

后青松，袁建国，张鹏，2016. 企业避税行为影响其银行债务契约吗？——基于 A 股上市公司的考察 [J]. 南开管理评论（04）：122 – 134.

胡晓，刘斌，蒋水全，2017. 产品市场竞争、税收规避与资本投资——基于资金压力和代理成本视角的实证考察 [J]. 经理评论（01）：90 – 105.

黄俊，陈信元，2011. 集团化经营与企业研发投资——基于知识溢出与内部资本市场视角的分析 [J]. 经济研究（06）：80 – 92.

黄俊，张天舒，2010. 制度环境、企业集团与经济增长 [J]. 金融研究（05）：91 – 102.

姜付秀，朱冰，王运通，2014. 国有企业的经理激励契约更不看重绩效吗？[J]. 管理世界（09）：143 – 159.

蒋涛，刘运国，徐悦，2014. 会计业绩信息异质性与高管薪酬 [J]. 会计研究（03）：18 – 25.

江轩宇，2013. 税收征管、税收激进与股价崩盘风险 [J]. 南开管理评论（10）：152 – 160.

江轩宇，朱琳，伊志宏，等，2019. 工薪所得税筹划与企业创新 [J]. 金融研究（07）：135 – 154.

蓝海林，2007. 中国企业集团概念的演化：背离与回归 [J]. 管理学报（05）：306 – 311.

李安兰，许日，王春飞，等，2014. 集团内上市公司的审计师选择研究 [J]. 会计与经济研究（01）：43 – 61.

李昊洋，程小可，姚立杰，2018. 机构投资者调研抑制了公司避税行为吗？——基于信息披露水平中介效应的分析 [J]. 会计研究（09）：56 – 63.

李培功，沈艺峰，2013. 经理薪酬、轰动报道与媒体的公司治理作用［J］. 管理科学学报（10）：63-80.

李维安，徐业坤，2013. 政治身份的避税效应［J］. 金融研究（06）：114-129.

李增泉，辛显刚，于旭辉，2008. 金融发展、债务融资约束与金字塔结构——来自民营企业集团的证据［J］. 管理世界（01）：123-135.

林云，1998. 我国企业集团形成中的市场作用与政府作用［J］. 中国工业经济（06）：36-39.

刘峰，吴风，钟瑞庆，2004. 会计准则能提高会计信息质量吗？——来自中国股市的初步证据［J］. 会计研究（05）：8-17.

刘行，李小荣，2012. 金字塔结构、税收负担与企业价值：基于地方国有企业的证据［J］. 管理世界（08）：91-105.

刘行，吕长江，2018. 企业避税的战略效应——基于避税对企业产品市场绩效的影响研究［J］. 金融研究（07）：158-173.

刘行，叶康涛，2013. 企业的避税活动会影响投资效率吗？［J］. 会计研究（06）：47-53.

刘慧龙，2017. 控制链长度与公司高管薪酬契约［J］. 管理世界（03）：95-112.

刘启亮，李增泉，姚易伟，2008. 投资者保护、控制权私利与金字塔结构——以格林柯尔为例［J］. 管理世界（12）：139-148.

刘笑霞，李明辉，2018. 媒体负面报道、分析师跟踪与税收激进度［J］. 会计研究（09）：64-71.

刘文军，米莉，傅倞轩，2010. 审计师行业专长与审计质量——来自财务舞弊公司的经验证据［J］. 审计研究（01）：47-54.

刘媛媛，李晶，2012. 股权激励视角的管理层自利性财务重述研究［J］. 科学决策（02）：10-26.

罗进辉,2014. 独立董事的明星效应:基于高管薪酬——业绩敏感性的考察[J]. 南开管理评论(03):62-73.

罗进辉,2018. 媒体报道与高管薪酬契约有效性[J]. 金融研究(03):190-206.

罗正英,詹乾隆,段姝,2016. 内部控制质量与企业高管薪酬契约[J]. 中国软科学(02):169-178.

卢馨,李慧敏,陈烁辉,2015. 高管背景特征与财务舞弊行为的研究——基于中国上市公司的经验数据[J]. 审计与经济研究(10):58-68.

卢锐,2014. 企业创新投资与高管薪酬业绩敏感性[J]. 会计研究(10):36-42.

陆正飞,王春飞,伍利娜,2012. 制度变迁、集团客户重要性与非标准审计意见[J]. 会计研究(10):71-78.

吕长江,肖成民,2006. 民营上市公司所有权安排与掏空行为——基于阳光集团的案例研究[J]. 管理世界(10):128-138.

马德林,杨英,2015. 股权结构、债务约束与高管薪酬——以2008—2013年上市公司为例[J]. 审计与经济研究(02):72-82.

马惠娴,佟爱琴,2019. 卖空机制对高管薪酬契约的治理效应——来自融资融券制度的准自然实验[J]. 南开管理评论(02):61-74.

纳鹏杰,雨田木子,纳超洪,2017. 企业集团风险传染效应研究——来自集团控股上市公司的经验证据[J]. 会计研究(03):53-60.

潘红波,余明桂,2010. 集团化、银行贷款与资金配置效率[J]. 金融研究(10):83-102.

潘红波,余明桂,2014. 集团内关联交易、高管薪酬激励与资

本配置效率 [J]. 会计研究 (10): 20-27.

潘红波, 张哲, 2019. 控股股东干预与国有上市公司薪酬契约有效性: 来自董事长/CEO 纵向兼任的经验证据 [J]. 会计研究 (05): 59-66.

漆江娜, 陈慧霖, 张阳, 2004. 事务所规模、品牌、价格与审计质量——国际"四大"中国审计市场收费与质量研究 [J]. 审计研究 (03): 59-65.

沈立人, 叶克林, 1999. 企业集团建设新探 [M]. 南京: 江苏人民出版社.

苏冬蔚, 熊家财, 2013. 大股东掏空与 CEO 薪酬契约 [J]. 金融研究 (12): 167-180.

沈振宇, 王金圣, 薛爽, 2004. 会计准则制定导向悖论 [J]. 财经研究 (06): 77-85.

孙光国, 孙瑞琦, 2018. 控股股东委派执行董事能否提升公司治理水平 [J]. 南开管理评论 (01): 88-98, 108.

唐雪松, 蒋心怡, 雷啸, 2019. 会计信息可比性与高管薪酬契约有效性 [J]. 会计研究 (01): 37-44.

王兵, 辛清泉, 杨德明, 2009. 审计师声誉影响股票定价吗——来自 IPO 定价市场化的证据 [J]. 会计研究 (11): 73-81.

王春飞, 伍利娜, 陆正飞, 2010. 企业集团统一审计与审计质量 [J]. 会计研究 (11): 65-71.

汪建成, 毛蕴诗, 2006. 中国上市公司扩展的业务、地域多元化战略研究 [J]. 管理世界 (12): 152-153.

王亮亮, 2016. 金融危机冲击、融资约束与公司避税 [J]. 南开管理评论 (02): 155-168.

王茂林, 黄京菁, 2018. 《内部控制质量与企业税收策略调整——行业层面及时间序列的经验证据 [J]. 审计研究 (04): 103-110.

王新，李彦霖，李方舒，2015. 企业社会责任与经理人薪酬激励有效性研究——战略性动机还是卸责借口？[J]. 会计研究（10）：51-58.

王烨，2009. 股权控制链、代理冲突与审计师选择 [J]. 会计研究（06）：65-72.

王永培，晏维龙，2015. 产业集聚的避税效应——来自中国制造业企业的经验证据 [J]. 中国工业经济（12）：57-69.

王跃堂，王亮亮，贡彩萍，2009. 所得税改革、盈余管理及其经济后果 [J]. 经济研究（03）：86-98.

魏春燕，2014. 审计师行业专长与客户的避税程度 [J]. 审计研究（02）：74-83.

韦琳，徐立文，刘佳，2011. 上市公司财务报告舞弊的识别——基于三角形理论的实证研究 [J]. 审计研究（02）：98-106.

魏志华，赵悦如，吴育辉，2017. "双刃剑"的哪一面：关联交易如何影响公司价值 [J]. 世界经济（01）：142-167.

伍利娜，王春飞，陆正飞，2012. 企业集团统一审计能降低审计收费吗？[J]. 审计研究（01）：69-77.

伍利娜，王春飞，陆正飞，2013. 企业集团审计师变更与审计意见购买 [J]. 审计研究（01）：70-78.

谢军，黄志忠，2014. 区域金融发展、内部资本市场与企业融资约束 [J]. 会计研究（07）：75-81.

谢朝斌，2000. 股份公司会计舞弊及其制度防范 [J]. 会计研究（05）：46-48.

辛清泉，郑国坚，杨德明，2007. 企业集团、政府控制与投资效率 [J]. 金融研究（09）：123-142.

熊剑，王金，2016. 债权人能够影响高管薪酬契约的制定吗——基于我国上市公司债务成本约束的视角 [J]. 南开管理评论（02）：42-51.

徐新鹏,王德凡,尹新哲,2019.会计准则变迁、准则执行环境与薪酬契约有效性[J].管理工程学报(02):110-119.

鄢翔,张人方,黄俊,2018.关键审计事项的溢出效应研究[J].审计研究(06):73-80.

杨德明,林斌,王彦超,2009.内部控制、审计质量与代理成本[J].财经研究(12):40-49.

杨棉之,2006.内部资本市场、公司绩效与控制权私有收益——以华通天香集团为例分析[J].会计研究(12):61-67.

杨棉之,孙健,卢闯,2010.企业集团内部资本市场的存在性与效率性[J].会计研究(04):50-56.

杨理强,陈爱华,陈菡,2018.社会责任披露与税收规避[J].投资研究(08):4-25.

杨清香,姚静怡,张晋,2015.与客户共享审计师能降低公司的财务重述吗?——来自中国上市公司的经验证据[J].会计研究(06):72-79.

杨清香,俞麟,陈娜,2009.董事会特征与财务舞弊——来自中国上市公司的经验证据[J].会计研究(07):64-70.

姚立杰,付方佳,程小可,2018.企业避税、债务融资能力和债务成本[J].中国软科学(10):117-135.

姚耀军,董钢锋,2015.中小企业融资约束缓解:金融发展水平重要抑或金融结构重要?——来自中小企业板上市公司的经验证据[J].金融研究(04):148-161.

叶康涛,刘行,2011.税收征管、所得税成本与盈余管理[J].管理世界(05):140-148.

袁蓉丽,李瑞敬,夏圣洁,2019.战略差异度与企业避税[J].会计研究(04):74-80.

曾姝,李青原,2016.税收激进行为的外溢效应——来自共同审计师的证据[J].会计研究(06):70-76.

曾亚敏,张俊生,2009. 税收征管能够发挥公司治理功用吗?[J]. 管理世界(03):143-151.

张玲,朱婷婷,2015. 税收征管、企业避税与企业投资效率[J]. 审计与经济研究(02):83-92.

张敏,王成方,刘慧龙,2013. 冗员负担与国有企业的高管激励[J]. 金融研究(05):140-151.

张铭洪,张海峰,张睿,2018. 融资约束对企业避税行为的异质性影响——来自上市公司的证据[J]. 税务研究(01):93-99.

张瑞君,徐鑫,2017. 母子公司统一审计与股价崩盘风险[J]. 会计研究(09):76-82.

张颖,郑洪涛,2010. 我国企业内部控制有效性及其影响因素的调查与分析[J]. 审计研究(01):75-81.

郑红霞,韩梅芳,2008. 基于不同股权结构的上市公司税收筹划行为研究——来自中国国有上市公司和民营上市公司的经验证据[J]. 中国软科学(09):122-131.

朱红军,何贤杰,陈信元,2008. 定向增发"盛宴"背后的利益输送:现象、理论根源与制度成因——基于驰宏锌锗的案例研究[J]. 管理世界(06):136-147.

ABARBANELL, LEHAVY, 1989. Can Stock Recommendations predict Earnings Management and Analysis' Earnings Forecast Errors? [D]. Working Paper.

A EDMANS, X GABAIX, AND D JENTER, 2017. Executive Compensation: A Survey of Theory and Evidence [D]. Working Paper.

AGARWAL S I, M CHIU, V SOUPHOM, G M YAMASHIRO, 2011. The Efficiency of Internal Capital Markets: Evidence from the Annual Capital Expenditure Survey [J]. The Quarterly Review of Economics and Finance, 51: 162-172.

AIGBE A, ANN M W, 2015. SEO Announcement Returns and Internal Capital Market Efficiency [J]. Journal of Corporate Finance, 31: 271-283.

ALBRECHT W S, M B ROMNEY, 1986. Red-flagging Management Fraud: A Validation [J]. Advances in Accounting, 3: 323-333.

ALBRECHT W S, 1995. Fraud: Bringing Light to the Dark Side of Business [J]. Irwin: New York, 7: 475-477.

ALCHIAN A, 1969. Information Costs, Pricing and Resource Unemployment [J]. Economic Enquiry, 7: 109-128.

ALLEN A, B B FRANCIS, Q Wu, Y Zhao, 2016. Analyst Coverage and Corporate Tax Aggressiveness [J]. Journal of Banking & Finance, 73: 84-98.

ALMEIDA H, KIM C, KIM H, 2015. Internal Capital Markets in Business Groups: Evidence from the Asian Financial Crisis [J]. The Journal of Finance, 70: 2539-2586.

ALMEIDA H, SANG Y P, SUBRAHMANYAM M G, WOLFENZON D, 2011. The Structure and Formation of Business Groups: Evidence Form Korean Chaebols [J]. Journal of Financial Economics, 99: 447-475.

ANAGOL S, PAREEK A, 2019. Should Business Groups be in Finance? Evidence from Indian mutual Funds [D]. Working Paper.

BAE G S, CHEON Y S, KANG J K, 2008. Intragroup Propping: Evidence from the Stock-price Effects of Earnings Announcements by Korean Business Groups [J]. Review of Financial Studies, 21: 2015-2060.

BARKER, D W BARREU, MICHAEL J, 1976. Top Management Fraud: Something Can Be Done Now [J]. The Internal Audition, 11: 15-25.

BEASLEY M S, 1996. An Empirical Analysis of the Relation between the Board of Director Composition and Financial Statement Fraud [J]. The Accounting Review, 71: 443 – 465.

BERGER, P G, OFEK E, 1995. Diversification's Effect on Firm Value [J]. Journal of Financial Economics, 37: 39 – 65.

BERLE A, MEANS C, 1932. The Modern Corporate and Private Property [M]. MacMillan, New York.

BELENZONY S, T BERKOVITZZ, 2010. Innovation in Business Groups [J]. Management Science, 56: 519 – 535.

BENEISH, M D, 1997. Detecting GAAP Violation: Implications for Assessing Earnings Management among Firms with Extreme Financial Performance [J]. Journal of Accounting and Public Policy, 16: 271 – 309.

BERTRAND M, S MULLAINATHAN, 2003. Enjoying the Quiet Life? Corporate Govermance and Managerial Perferences [J]. Journal of Political Economy, 111: 1043 – 1075.

BERTRAND M, JOHNSON S, SAMPHANTHARAK K, SCHOAR A, 2008. Mixing Family with Business: A Study of Thai Business Groups and the Families behind them [J]. Journal of Financial Economics, 88: 466 – 498.

BERTRAND M, P Mehta, S MULLAINATHAN, 2002. Ferreting Out Tunneling: An Application to Indian Business Groups [J]. Quarterly Journal of Economics, 117: 121 – 148.

BIDDLE G, G Hilary, R S Verdi, 2009. How does Financial Reporting Quality Relate to Investments Effciency? [J]. Journal of Accounting and Economics, 48: 112 – 131.

BILAL A D, MUSTAFA A D, MOHAMMAD H Z, 2017. Board Independence and the Efficiency of Internal Capital Market [J]. The Journal of Developing Areas, 51: 309 – 329.

BILLETT M T, MAUER D C, 2003. Cross – subsidies, External Financing Constraints, and the Contribution of the Internal Capital Market to Firm Value [J]. Review of Financial Studies, 16: 1167 – 1201.

BOLOGNA J, LINDQUIST R, WELLS J T, 1993. The Accountant's Handbook of Fraud and Commercial Crime [M]. John Wiley & Sons Inc.

BRANDER A, POITEVIN M, 1922. Managerial Compensation and the Agency Costs of Debt Finance [J]. Managerial and Decision Economic, 13: 55 – 64.

BROWNJ, DRAKE K, 2014. Network Ties among Low – tax Firms [J]. The Accounting Review, 89: 483 – 510.

BUCHUKD, LARRAIN B, Munoz F, 2014. The Internal Capital Markets of Business Groups: Evidence from Intra – group Loans [J]. Journal of Financial Economics, 112: 190 – 212.

BURGSTAHLER D, EAMES M, 1998. Management of Earings and Analysts Forecasts [M]. Washington D C: University of Washington.

CAIY, KIM Y, PARK J, WHITE H, 2016. Common Auditors in M&A Transactions [J]. Journal of Accounting and Economics, 61: 77 – 99.

CARPENTER T D, J L Reimers, 2005. Unethical and Fraudulent Financial Reporting: Applying the Theory of Planned Behavior [J]. Journal of Business Ethics, 60: 115 – 129.

CARSON E, SIMNETT R, VANSTRAELEN A, TROMPEPER G, 2016. Assessing Initiatives to Improve the Quality of Group AuditsInvolving Other Auditors [D]. Working Paper.

CESTONE G, C FUMAGALLI, 2005. The Strategic Impact of Resource Flexibility inBusiness Groups [J]. The Rand Journal of Economics, 36: 193 - 214.

CHANG S J, CHOI U, 1988. Strategy, Structure, and Performance of Krean Business Groups: A Transactions Cost Approach [J]. Journal of Industrial Economics, 37: 141 - 158.

CHEN D, ALEXANDER L, JIANG D, LU H, ZHOU M, 2015. State Capitalism vs. Private Enterprise [D]. Working Paper.

CHENS, X CHEN, Q CHENG, T SHEVLIN, 2010. Are Family Firms More Tax Aggressive than Non - Family Firms? [J]. Journal of Financial Economics, 95: 41 - 61.

CHEN T, C LIN, 2017. Does Information Asymmetry Affect Corporate Tax Aggressiveness? [J]. Journal of Financial and Quantitative Analysis, 52: 2053 - 2081.

CHEN R, L CUI, S LI, 2017. Acquisition or Greenfield Entry into Africa? Responding to Institutional Dynamics in an Emerging Continent [J]. Global Strategy Journal, 7: 212 - 230.

CHIRCOP J, JOHAN S, TARSALEWSKA M, 2017. Common Auditors and Cross - Country M&A Transactions [J]. Journal of International Financial Markets, Institutions and Money, 4: 1 - 16.

CHOO F, K TAN, 2007. An 'American Dream' Theory of Corporate Executive Fraud [J]. Accounting Forum, 31: 203 - 215.

CHOW C W, 1982. The Demand for External Auditing: Size, Debt and Ownership Influence [J]. The Accounting Review, 57: 272 - 291.

CLAESSENS S, DJANKOV S, FAN J, LANG L, 2000. The Seperation of Ownership and Control in East Asian Corporations [J]. Journal of Financial Economics, 58: 81 - 112.

CLAESSENS S, FAN J, LANG L, 2006. The Benefits and Costs of Group Affiliation: Evidence from East Asia [J]. Emerging Markets Review, 7: 1-26.

COASE R H, 1937. The nature of the firm: Origins, Evolution and Development [M]. Oxford University Press, New York, 18-33.

Cohen S, Lauterbach B, 2008. Differents in Pay between Owner and Non-owner CEOs: Evidence from Israel [J]. Journal of Multinational Financial Management, 1: 4-15.

COTTRELL D M, ALBRECHT, 1994. TRecognizing the Symptoms of Employee Fraud [J]. Health Care Financial Management, 5: 19-25.

COVAL J, T MOSKOWITZ, 2001. The Geography of Investment: Informed Trading and Asset Prices [J]. Journal of Political Economy, 109: 811-841.

DAH B A, MUSTAFA A, DAH, MOHAMAND H Z, 2017. Board Independence and the Efficiency of Internal Capital Markets [J]. The Journal of Developing Areas, 51: 309-328.

DATTA S, RANJAN D, DATTAM, 2009. Executive Compensation and Internal Capital Market Effciency [J]. Journal of Financial Intermediation, 18: 242-258.

Defond M L, 1992. The Association between Changes in Client Firm Agency Costs and Auditor Switching [J]. Auditing: A Journal of Practice & Theory, 11: 16-31.

DELOOF M. 1998. Internal Capital Markets, Bank Borrowing, and Financing Constraints: Evidence from Belgian Firms [J]. Journal of Business Finance & Accounting, 25: 945-968.

DESAI M. A D. DHARMAPALA, 2006. Corporate Tax Avoidance and High Powered Incentives [J]. Journal of Financial Economics, 79: 145-179.

DESAI M. A. DYCK A, ZINGALES, L, 2007. Theft and Taxes [J]. Journal of Financial Economics, 84: 591-623.

DHALIWAL DS PHILLP T L. , LUBOMIR P. L. , 2016. Shared auditors in mergers and acquisitions [J]. Journal of Accounting and Economics, 61: 49 – 76.

DHALIWAL D, SHENOY J. , WILLIAMS R, 2016. Common Auditors and Relationship – Specific Investment in Supplier – Customer [D]. Working Paper.

DONOHOE M P , ROBERT K W, 2014. Does Corporate Tax Aggressiveness Influence Audit Pricing? [J]. Contemporary Accounting Research, 31: 284 – 308.

DOWNEY D H, BEDARD J C, 2018. Coordination and Communication Challenges in Global Group Audits [J]. Audit. A J. Pract. Theory, 38: 123 – 147.

DOWNS, THOMAS, HENDERSHOTT, PATRICK H. , 1987. Stock Policy and Stock Prices [J]. National Tax Journal 40: 183 – 190.

DUNNP, 2004. The Impact of insider Power on Fraudulent Financial Reporting [J]. Journal of Management, 30: 397 – 412.

EDWARDS A C. SCHWAB, T. SHEVLIN, 2013. Financial Constraints and the Incentive for Tax Planning [D]. Working Paper.

EISFELD A, RAMPINI A, 2008. Managerial incentives, Capital Reallocation, and the Business Cycle [J]. Journal of Financial Economics, 87: 177 – 199.

ELLIOTT R K, JACOBSON P D, 1986. Costs and Benefits of Business Information on Disclosure Accounting Horizons, 8: 80 – 96.

FACCIO, M LANG, L H P, 2002. The Ultimate Ownership of Western European Corporations [J]. Journal of Financial Economics, 65: 365 – 395.

FANJ P H, T J WONG, 2005. Do External Auditors Perform a Corporate Governance Role in Emerging Market [J]. Journal of Accounting Research, 43: 35 -72.

FAUVER L J, HOUSTON, A NARANJO, 2003. Capital Market Development, International Integration, Legal Systems, and the Values of Corporate Diversification: Across - Country Analysis [J]. Journal of Financial and Quantitaive Analysis, 38: 135 -157.

FAZZARI S M, HUBBARD R G, Petersen, B. C., 1988. Financing Constraints and Corporate Investment [D]. Brooking Papers on Economic Activity.

FRANK M M, LYNCH L J, REGO S O, 2009. Tax Reporting Aggressiveness and Its Relation to Aggressive Financial Reporting, [J]. The Accounting Review, 84: 467 -496.

GERTNER R D, SCHARFSTEIN, J STEIN, 1994. Internal Versus External Capital Markets [J]. Quarterly Journal of Economics, 109: 1211 -1230.

GERTNER R E. POWERS D. SCHARFSTEIN, 2002. Learning about Internal Capital Markets from Corporate Spinoffs [J]. Journal of Finance, 57: 2479 -2506.

GHEMAWAT P, KHANNA T, 1998. The Nature of Diversified Business Groups: A Research Design and Two Case Studies [J]. Journal of Industrial Economics, 46: 35 -61.

G HOVAKIMIAN, 2011. Financial Constraints and Investment Efficiency: Internal Capital Allocation [J]. Journal of Financial Intermediation, 20: 264 -283.

GIVOLY D, HAYN C, 1991. The Aggregate and Distributional Effects of the Tax Reform Act of 1986 on Firm Valuation [J]. Journal of Business, 64: 363 -392.

GOH B W, LEE J, LIM C Y, SHEVLIN T., 2016. The Effect of Corporate Tax Avoidance on the Cost of Equity [J]. The Accounting

Review, 91: 1647 - 1670.

GOPALAN R, NANDA V, SERU A, 2007. Affiliated Firms and Financial Support: Evidence from Indian Business Groups [J]. Journal of Financial Economics, 86: 759 - 795.

GRANOVETTER M, 1994. Business groups. The Handbook of Economic Sociology [M]. Princeton University Press, 453 - 475.

GRANOVETTER M, 2005. Business groups. The Handbook of Economic Sociology (2nded.) [M]. Princeton University Press, 429 - 450.

GU Z, Y K WANG, X XIAO, 2013. Government Control and Executive Compensation: Evidence from China [D]. Working Paper.

GUEDHAMI O., J PITTMAN, 2008. The Importance of IRS Monitoring to Debt Pricing in Private Firms [J]. Journal of Financial Economics, 90: 38 - 58.

GUIDRY F, 1999. Earnings - based Bouns Plans and Earnings Management by Business - unit Managers [J]. Journal of Accounting and Economics, 26: 113 - 142.

HASAN I, HOI C K S, WU Q, ZHANG H, 2014. Beauty is in the Eye of the Beholder: The Effect of Corporate Tax Avoidance on the Cost of Bank Loans [J]. Journal of Financial Economics, 113: 109 - 130.

HOITASH U, HOITASH R, J C BEDARD, 2009. Corporate Governance and Internal Control over Financial Reporting: A Comparison of Regulatory Regimes [J]. The Accounting Review, 84: 839 - 867.

HOSHIT, KASHYAP A, SCHARFSTEIN D, 1991. Corporate Structure, Liquidity, and Investment: Evidence from Japanese Industrial Groups [J]. Quarterly Journal of Economics, 106: 33 - 60.

I J CHEN, 2016. Corporate Governance and the Efficiency of Internal Capital Markets. [J]. Review of Pacific Basin Financial Markets and Policies, 19: 1 -50.

IVKOVIC Z, WEISBENNER S, 2005. Local does as Local is: Information content of the Geography of Individual Investors's Common Stock Investments [J]. Journal of Finance, 60: 267 -306.

JAGGI B L, 1975. The Impact of the Cultural Environment on Financial Disclosure [J]. The International Journal of Accounting, 17: 75 -84.

JENSEN M C, MECKLING W H, 1976 . Theory of the Firm: Managerial Behavior, Agency Costs and Ownership Structure [J]. Journal of Financial Economics, 3: 305 -360.

JENSEN M C, 1993. The Modern Industrial Revolution, Exit, and the Failure of Internal Control Systems [J]. The Journal of Finance, 48: 831 -880.

JENSEN M C, K J MRPHY, 1990. Performance Pay and Top - Management Incentives [J]. Journal of Political Economy, 98: 225 -264.

JOHN T A, JOHN K, 1993. Top - management Compensation and Capital Structure [J]. The Journal of Finance, 48: 949 -974.

JOHNNIE R B, 2008. Mitigating Corporate Financial Fraud: A qualitative study [J]. Doctoral Thesis.

JOHNSTONE K M, Li C, LUOS, 2014. Client - Auditor Supply Chain Relationships, Audit Quality, and Audit Pricing [J]. Auditing: A Journal of Practice & Theory, 33: 119 -166.

JUSTIN C, SOFIA J, MONIKA T, 2017. Common auditors and cross - country M&A transactions [D]. Working Paper.

KASEY M, 2010. Characteristics ofInternal Audits and Fraud Dterction [J]. Doctoral Thesis.

KEISTER L A, 1998. Engineering Growth: Business Group Structure and Firm Performance in China's Transition Economy [J]. American Journal of Sociology, 104: 4 - 44.

KHANNA T, K PALEPU, 1997. Why Focused Strategy May be Wrong in Emerging Market [J]. Harvard Business Review, 4: 41 - 51.

KHANNA N, TICE S, 2001. The Bright Side of Internal Capital Markets [J]. Journal of Finance, 52: 1489 - 1531.

KHANNA T, J W RIVKIN, 2001. Estimating the Performance Effects of Groups in Emerging Markets [J]. Strategic Management Journal, 22: 45 - 74.

KHANNA T, PALEPU K, 2000. Is Group Affiliation Profitable in Emerging Markets? An Analysis of Diversified Indian Business Groups [J]. The Journal of Finance, 55: 867 - 891.

KHANNA T, YAFEH Y, 2007, Business Groups in Emerging Markets: Paragons or Parasites? [J]. Journal of Economic Literature, 45: 331 - 372.

KHATUA, APALAK, 2017. Does Business Group Affiliation Matter for External Debt Finance? Evidence from India [J]. Asian Business & Management, 16: 290 - 322.

KIM J B, Y LI, L ZHANG, 2011. Corporate Tax Avoidance and Stock Price Crash Risk: Firm - Level Analysis [J]. Social Science Electronic Publishing, 100: 639 - 662.

KINNEY, J W R, MCDANIEL L S, 1989. Characteristics of Firms Correcting Previously Reported Quarterly Earnings [J]. Journal of Accounting & Economics, 11: 71 - 93.

KLEIN B, CRAWFORD R G, ALCHIAN A A, 1978. Vertical Integration, Appropriable Rent, and the Competitive Contracting Process [J]. Journal of Law and Economics, 21: 297 - 326.

LABRO E, PETER C D, JOCHEN P, CHRISTOPHEV L, 2019. Auditor Alignment and the Internal Information Environment [D]. Working paper.

LA PORTA R, F LOPEZ - DE - SILANES, A SHLEIFER, 1997. Legal Determinants of External Finance [J]. Journal of Finance, 52: 1131 - 1150.

LAMONT O, 1997. Cash flow and Investment: Evidence from Internal Capital Markets [J]. Journal of Finance, 52: 83 - 110.

LANG L, STULZ R, 1994. Corporate Diversification and Firm Perance [J]. Journal of Political Economy, 102: 142 - 174.

LEFF N, 1978. Industrial Organization and Entrepreneurship in Developing Countries: The Economic Groups [J]. Economic Development and Cultrual Change, 26: 661 - 675.

LENNOX C, J A PITTMAN, 2010. Big Five Auditors and Accounting Fraud [J]. Contemporary Accounting Research, 27: 209 - 247.

LENZ H, JAMES M, 2007. International Audit Firms as Strategic Networks - The Evolution of Global Professional Service Firms [D]. Working Paper.

LEWELLEN W G, 1971. A pure Financial Rational for the Conglomerate Merger [J]. Journal of Finance, 26: 521 - 537.

LIAO J, DAVID S, LIU X, 2019. Female CFOs and accounting fraud: Evidence from China [J]. Pacific - Basin Finance Journal, 53: 449 - 463.

LOEBBECKE J K, EINING M M, WILLINGHAM J J, 1989. Auditor's Experience with Material Irregularities: Frequency, Nature, and Detectability [J]. Auditing: A Journal of Practice & Theory, 9: 1 - 28.

MASULIS W, PHAM K, ZEIN J, 2011. Family Business Groups around the World: Financing Advantages, Control Motivations, and Organizational Choices [J]. Review of Financial Studies, 21: 3556 - 3600.

MATSUSAKA J, V NANDA, 2000. Internal Capital Markets and Corporate Refocusing [D]. Working Paper.

MODIGLIANI F, MILLER M H, 1958. The Cost of Capital, Corporation Finance and the Theory of Investment [J]. The American Economic Review, 48: 261 - 297.

MORCK R, 2005. How to Eliminate Pyramidal Business Groups: The Double Taxation of Inter - corperate Dividends and Other Incisive Use of Tax Policy [M]. National Bureau of Economic Research, University of Chicago Press.

MYERS S C, 1977. Determinants of Corporate Borrowing [J]. Journal of Financial Economics, 5: 325 - 364.

MYERS S C, MAJLUF N S, 1984. Corporate Financing and Investment Decisions when Firms have Information that Investors do not have [J]. Journal of Financial Economics, 13: 187 - 221.

OZBAS O, D S SCHARFSTEIN, 2010. Evidence on the Dark Side of Internal Capital Market [J]. Review of Financial Studies, 23: 581 - 599.

OZKAN N, Z SINGER, H F YOU, 2012. Mandatory IFRS Adoption and the Contractual Usefulness of Accounting Information in Executive Compensation [J]. Journal of Accounting Research, 50: 1077 - 1107.

PERSONS O, 2006. The Effects of Fraud and Lawsuit Revalation on US Executive Turnover and Compensation [J]. Journal of Business Ethics, 64: 405 - 419.

PETERSEN M A, R G RAJAN, 2002. Does Distance Still Matter? The Information Revolution in Small Business Lending [J]. Journal of Finance, 57: 2533 - 2570.

QIAN Y, B WEINGAST, 1997. Federalism as a Commitment to Preserving Market Incentives [J]. Journal of Economic Perspective, 11: 83 - 92.

QIU B H, SLEZAK L S, 2018. The Equilibrium Relationships between Performance - Based Pay, Performance, and the Commission and Detection of Fraudulent Misreporting [D]. Working Paper.

RAJAN R, H SERVAES, L AINGALES, 2000. The cost of Diversity: The Diversification Discount and Inefficient Investment [J]. The Journal of Finance, 55: 35 - 80.

SAEED A, SAMEER M, 2015. Business Groups and Financial Constraints: Evidence from Pakistani Group Affiliated Firms [J]. The Journal of Developing Areas, 49: 355 - 361.

SHANTANU B, SWARNODEEP H, 2018. Managerial Incentives and Strategic Choices of Firms with different Ownership Structures [J]. Journal of Corporate Finance, 8: 314 - 330.

SCHARFSTEIN D S, J C STEIN, 2000. The Dark Side of Internal Capital Markets: Divisional Rent - Seeking and Inefficient Investment [J]. Journal of Finance, 55: 2537 - 2564.

SHLEIFER A, R VISHNY, 1986. Large Shareholders and CorporateControl [J]. Journal of Political Economy, 94: 461 - 488.

SKOUSEN C J, SMITH K R, WRIGHT C J, 2008. Detecting and Predicting Financial Statement Fraud: The Effectiveness of the Fraud Triangle and SAS No. 99 [D]. Working Paper.

SPATHIS C, DOUMPOS M, ZOPOUIDIS C, 2002. Detecting Falsified Financial Statements: a Comparative Study using Multicriteria Analysis and Multivariate Statistical Techniques [J]. The European Accounting Reviewer, 11: 509 -535.

STEIN J, 1997. Internal Capital Market and The Competition for Corporate Resources [J]. Journal of Finance, 52: 111 -134.

STULZ R, 1990. Managerial Discretion and Option Financing Choices [J]. Journal of Financial Economics, 26: 2 -28.

SUMMERS S L, SWEENEY J T, 1998. Fraudulently Misstated Financial Statement and Insider Trading: An Empirical Analysis [J]. The Accounting Review, 73: 31 -146.

T KATO, C LONG, 2006. CEO turnover, firm performance, and enterprise reform in China: Evidence from micro data [J]. Journal of Comparative Economics, 34: 796 -817.

TAN Y X, TIAN X ZHANG, H ZHAO, 2018. The Real Effects of Privatization: Evidence from China's Split Shar Structure Reform [D]. Working Paper.

TIMOTHY J, 2000. An Empirical Evaluation of the Interpersonal and Organisatioinal Correlates of Professionalism in Internal Auditing [J]. Accounting & BusinessResearchWatts, 10: 125 -131.

TREADWAY COMMOSSION, 1987. Fraud Commisson Issues Final Report [J]. Journal of Accoountancy, 11: 34.

WANG Y, JOHN K A, AZIZ J, 2019. Does Mutial Fund Investment Influence Accounting Fraud? [J]. Emerging Markets Review, 38: 142 -158.

WATTS R, ZIMMERMANJ, 1978. Towards a Positive Theory of the Determination of Accounting Standards [J]. The Accounting Review, 53: 112 -134.

WATTS R, ZIMMERMAN J, 1983. Agency Problems, Auditing, and the Theory of Firm: Some Evidence [J]. Journal of Law and Economics, 2: 613 -633.

WATTS R, ZIMMERMAN J, 1990. Positive Accounting Theory: A Ten Year Perspective [J]. The Accounting Review, 65: 131 -156.

WILLIAMSON O, 1975. Markets and Hierarchies: Analysis and Antitrust Implications: A Study of Internal Organization [M]. New York: The Free Press.

WILLIAMSON O, 1979. Transaction Cost Economics: The Government of Contractual Relations [J]. Journal of Law and Economics, 22: 233 -261.

WOLFENZON D, 1999. A Theory of Pyramid Owner-ship [M]. SMimeo, Harvard University, Cambridge, MA.

YE C, YONGTAE K, JONG C P, HAL D W, 2016. Common auditors in M&A transactions [J]. Journal of Accounting and Economics, 61: 77 -99.

后 记

本书是依照我博士期间个人研究领域撰写而成。主要针对共同审计师监督和咨询的"溢出效应"在企业集团这一重要经济体中发挥的作用进行实证研究。

行文至此，不由感慨万千。回想起本书的创作和写作过程，期间有过迷茫，有过焦虑，有过徘徊，然峰回路转、柳暗花明，终拨云见日、方得始终；这一路走来，由衷地感谢曾经给我指导、鼓励和帮助的老师、同学、家人及朋友，你们带给我的不仅是时刻努力的状态，还是奋进拼搏的精神，更是无问西东的勇气。

不忘师恩，感谢我的导师黄俊教授，恩师给予我的，不仅是对于基础知识及科研方法的掌握，还有对于工作积极努力的态度，更有为人处世中的包容与奉献。回忆起与恩师每次讨论时的受益匪浅，每次合作时的心潮澎湃；感受到恩师授业解惑时的一丝不苟，言传身教中的文质彬彬；是您让我逐渐熟悉科研、尝试科研、热爱科研，也是您的一言一行，一直在引导我做一个勇于承担、甘于奉献、敢于奋进的人。

饮水思源，感谢首都经济贸易大学会计学院这个大家庭，让我有机会将本书顺利出版。感谢院长、书记及各位前辈、同事，在本书的撰写过程中，无私地为我提供宝贵的意见，在写作过程中给予我诸多启发。感谢中国财政经济出版社的会计分社樊清玉等编辑老师，是你们的认真负责，让本书完整地展现在读者面前。

最后，感谢我的家人，你们给我的支持与鼓励，让我能够全身心地投入学习和工作中。在最艰难和困惑的时刻给我无私的关心和爱护，永远支持我做出的任何决定，为我提供最温暖的港湾。

一路走来，收获的不只是知识的提升，不只是真挚的友情、无私的师恩，还是为人处世的态度与拼搏奋进的步伐，更是过往的经历与人生的厚度；引《大学》一言，知止而后有定，定而后能静，静而后能安，安而后能虑，虑而后能得。我将牢记这一精神，不忘初心，无问西东。

鄢　翔